쓰기로
마스터하는
중학 서술형

쓰기로 마스터하는 중학 서술형 1학년

지은이	NE능률 영어교육연구소
선임연구원	신유승
연구원	선정아 강동효 은다나
영문 교열	August Niederhaus Nathaniel Galletta
디자인	닷츠
내지 일러스트	박응식
맥편집	박진영

+ 교재 네이밍에 도움을 주신 분
  임동욱 님

NE능률이 미래를 창조합니다.

건강한 배움의 고객가치를 제공하겠다는 꿈을 실현하기 위해
40년이 넘는 시간 동안 열심히 달려왔습니다.

앞으로도 끊임없는 연구와 노력을 통해
당연한 것을 멈추지 않고

고객, 기업, 직원 모두가 함께 성장하는 NE능률이 되겠습니다.

PREFACE

서술형 문제 하나로 여러분의 내신 등급이 바뀝니다.
서술형은 문항 수는 적지만 배점이 높아 점수 등락에 큰 영향을 미치기 때문입니다. 시험 기간 동안 서술형을 준비해 보지만, 공부한 만큼 점수가 나오지 않습니다. 주로 문법에 대한 지식을 묻는 선택형과는 달리, 서술형은 문법에 대한 이해를 "쓰기로 표현"하는 언어 수행(performance) 능력을 평가하기 때문입니다.

〈쓰기로 마스터하는 중학서술형〉은 서술형에 완벽 대비하면서 영작의 기본기도 다질 수 있는 교재입니다.
〈쓰기로 마스터하는 중학서술형〉은 여러분이 어떻게 하면 효율적으로 서술형에 대비하고 나아가 영작의 기본기를 다질 수 있을지 고심하고 연구한 결과물입니다. 심혈을 기울여 만든 저희 교재의 특장점은 다음과 같습니다.

첫째, 서술형으로 주로 출제되는 문법 항목을 선별하여 목차를 구성하였습니다.
내신 준비에 용이하도록 중학 교과서 문법과 연계하되 불필요한 내용은 과감히 없애고, 서술형으로 주로 출제되는 내용을 선별하였습니다. 또한 영작에 도움이 되는 '문장의 구조' 및 문장의 중심이 되는 '동사'를 강조하여 목차를 구성하였습니다.

둘째, 전국 내신 서술형 기출문제를 철저히 분석하여 단계별·유형별로 제시하였습니다.
표준 서술형 유형이라고 할 수 있는 '단어 배열하기, 빈칸 채우기, 문장 완성하기, 틀린 부분 고쳐쓰기'를 단계별로 제시하여 문장의 구조를 파악하고 문장 단위의 쓰기 연습을 충분히 하도록 하였습니다. 또한 문법 항목 별로 최다 빈출 서술형 유형을 도출하여 유형별 문제 풀이 과정 및 팁을 제시하였습니다. 이를 통해 다양한 서술형 유형을 익히고, 인칭이나 시제 등의 단순한 실수로 감점 받는 일이 없도록 훈련할 수 있습니다.

셋째, 실전에 대비할 수 있도록 하였습니다.
각 챕터마다 실제 시험 형식의 기출 응용문제를 제공하였으며, 서너 개의 챕터마다 중간·기말고사와 같은 형태의 누적 시험을 제공하여 내신 대비용 모의고사로 활용할 수 있도록 하였습니다.

〈쓰기로 마스터하는 중학서술형〉으로 차근차근 공부하다 보면 내신 만점과 영작 실력 향상뿐만 아니라, 영어에 흥미도 느끼게 될 거라 자신합니다. 포기하지 말고 끝까지 공부하셔서 세 마리 토끼를 모두 잡으시기 바랍니다.

STRUCTURE & FEATURES

문법 설명

군더더기 없이 쓰기와 서술형 대비에 꼭 필요한 핵심 문법 설명만을 담았습니다.

문장으로 CHECK UP

표준 서술형 유형인 '단어 배열하기, 빈칸 채우기, 문장 완성하기, 틀린 부분 고쳐쓰기'로 문장 쓰기 연습을 충분히 할 수 있습니다.

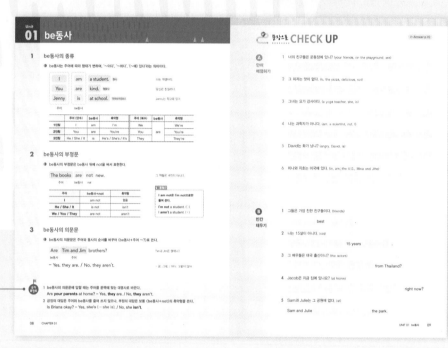

출제포인트 / 오답노트

문법 항목별 출제 포인트 및 학생들이 흔히 실수하는 오답을 정리한 코너를 통해 효율적으로 서술형에 대비할 수 있습니다.

서술형으로 STEP UP

문법 항목별로 자주 출제되는 문제 유형의 풀이 과정 및 팁을 제시하여 다양한 서술형 유형에 익숙해지고 문제 해결 능력도 키울 수 있습니다.

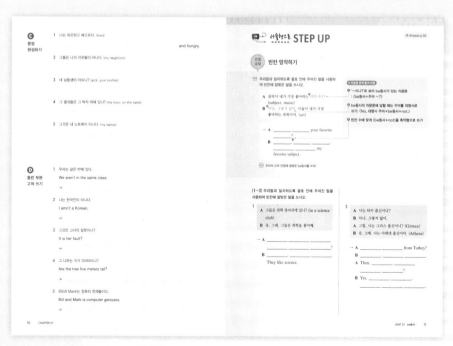

기출문제로 WRAP UP

전국 내신 기출문제를 철저히 분석하고 적용한
양질의 문제로 서술형에 완벽 대비할 수
있습니다.

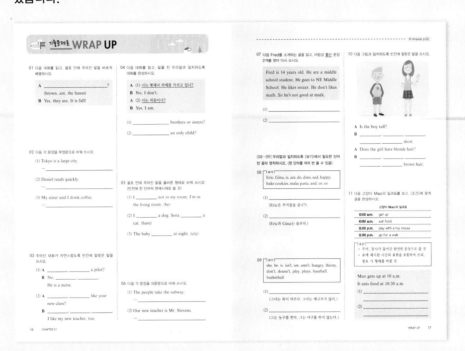

누적시험으로 LEVEL UP

2~3개월 동안 학습한 내용을 다루는 실제 내신 시험처럼
2~4개의 유닛을 묶어 문제를 출제한 누적시험으로
실전 감각을 기를 수 있습니다.

CONTENTS

SPECIAL THANKS TO <쓰기로 마스터하는 중학서술형> 교재를 검토해주신 선생님들입니다.

김용진 대성학원 **김혜영** 스터디원 **백명숙** 청심보습학원 **엄경화** 코헨영어
이천우 청원여자고등학교 **편영우** 자이언학원 **호현** 계원예술학교

CHAPTER
01

동사의 종류

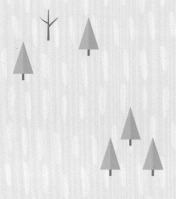

be동사

1 be동사의 종류

● be동사는 주어에 따라 형태가 변하며, '〜이다', '〜하다', '(〜에) 있다'라는 의미이다.

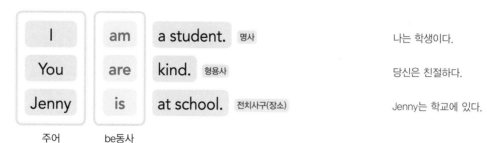

I	am	a student. 명사	나는 학생이다.
You	are	kind. 형용사	당신은 친절하다.
Jenny	is	at school. 전치사구(장소)	Jenny는 학교에 있다.

주어   be동사

	주어 (단수)	be동사	축약형	주어 (복수)	be동사	축약형
1인칭	I	am	I'm	We		We're
2인칭	You	are	You're	You	are	You're
3인칭	He / She / It	is	He's / She's / It's	They		They're

2 be동사의 부정문

● be동사의 부정문은 be동사 뒤에 not을 써서 표현한다.

The books   are   not   new.
주어   be동사   not

그 책들은 새것이 아니다.

주어	be동사+not	축약형
I	am not	없음
He / She / It	is not	isn't
We / You / They	are not	aren't

> ◀ 주의!
>
> **I am not은 I'm not으로만 줄여 쓴다.**
> **I'm not** a student. (○)
> I **amn't** a student. (×)

3 be동사의 의문문

● be동사의 의문문은 주어와 동사의 순서를 바꾸어 〈be동사+주어 〜?〉로 쓴다.

Are   Tim and Jim   brothers?
be동사   주어

Tim과 Jim은 형제니?

– Yes, they are. / No, they aren't.

– 응, 그래. / 아니, 그렇지 않아.

출제 포인트

1 **be동사의 의문문에 답할 때는 주어를 문맥에 맞는 대명사로 바꾼다.**
   Are **your parents** at home? – Yes, **they** are. / No, **they** aren't.

2 긍정의 대답은 주어와 **be동사**를 줄여 쓰지 않으나, 부정의 대답은 보통 〈**be동사+not**〉의 축약형을 쓴다.
   Is Briana okay? – Yes, she's (→ she is). / No, she **isn't**.

A

단어
배열하기

1 너의 친구들은 운동장에 있니? (your friends, on the playground, are)

2 그 피자는 맛이 없다. (is, the pizza, delicious, not)

3 그녀는 요가 강사이다. (a yoga teacher, she, is)

4 나는 과학자가 아니다. (am, a scientist, not, I)

5 David는 화가 났니? (angry, David, is)

6 미나와 지호는 미국에 있다. (in, are, the U.S., Mina and Jiho)

B

빈칸
채우기

1 그들은 가장 친한 친구들이다. (friends)

                best   .

2 나는 15살이 아니다. (old)

                    15 years   .

3 그 배우들은 태국 출신이니? (the actors)

                    from Thailand?

4 Jacob은 지금 집에 있나요? (at home)

                    right now?

5 Sam과 Julie는 그 공원에 없다. (at)

Sam and Julie   the park.

1 나는 피곤하고 배고프다. (tired)

and hungry.

2 그들은 나의 이웃들이 아니다. (my neighbors)

3 네 남동생이 아프니? (sick, your brother)

4 그 열쇠들은 그 탁자 위에 있니? (the keys, on the table)

5 그것은 내 노트북이 아니다. (my laptop)

1 우리는 같은 반에 있다.

We aren't in the same class.

→

2 나는 한국인이 아니다.

I amn't a Korean.

→

3 그것은 그녀의 잘못이니?

It is her fault?

→

4 그 나무는 키가 5미터이니?

Are the tree five meters tall?

→

5 Bill과 Mark는 컴퓨터 천재들이다.

Bill and Mark is computer geniuses.

→

서술형으로 **STEP UP**

≫ Answer p.02

빈출 유형 빈칸 영작하기

예제 우리말과 일치하도록 괄호 안에 주어진 말을 사용하여 빈칸에 알맞은 말을 쓰시오.

> **A** 음악이 네가 가장 좋아하는❶과목이니? •
> (subject, music)
> **B** ❷아니, 그렇지 않아. 미술이 내가 가장
> 좋아하는 과목이야. (art)

★ 서술형 문제 풀이 과정

❶ '~이니?'로 보아 be동사가 있는 의문문
: ⟨be동사+주어 ~?⟩

❷ be동사의 의문문에 답할 때는 주어를 대명사로
쓰기: ⟨No, 대명사 주어+be동사+not.⟩

❸ 빈칸 수에 맞게 ⟨be동사+not⟩을 축약형으로 쓰기

→ **A** _____ _____ your favorite
_____? •
B _____, _____ _____.
_____ _____ my
favorite subject.

TIP 주어의 수와 인칭에 알맞은 be동사를 쓰자!

[1~2] 우리말과 일치하도록 괄호 안에 주어진 말을 사용하여 빈칸에 알맞은 말을 쓰시오.

1

> **A** 그들은 과학 동아리에 있니? (in a science club)
> **B** 응, 그래. 그들은 과학을 좋아해.

→ **A** _____ _____ _____
_____ _____ _____?
B _____, _____ _____.
They like science.

2

> **A** 너는 터키 출신이니?
> **B** 아니, 그렇지 않아.
> **A** 그럼, 너는 그리스 출신이니? (Greece)
> **B** 응, 그래. 나는 아테네 출신이야. (Athens)

→ **A** _____ _____ from Turkey?
B _____, _____ _____.
A Then, _____ _____
_____ _____?
B Yes, _____ _____.
_____ _____ _____.

1 일반동사

● 일반동사는 주어가 3인칭 단수가 아니면 원형 그대로 쓰고, 3인칭 단수이면 끝에 -s, -es, -ies를 붙인다.

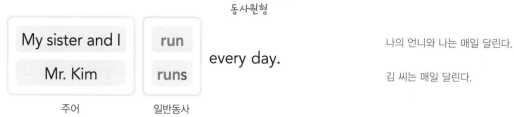

동사원형

| My sister and I | run | | 나의 언니와 나는 매일 달린다. |
| Mr. Kim | runs | every day. | 김 씨는 매일 달린다. |

주어   일반동사

■ **주어가 3인칭 단수일 때 일반동사의 현재형**

대부분의 동사	+-s	runs, eats, plays, comes 등
〈-o, -s, -ch, -sh, -x〉로 끝나는 동사	+-es	goes, passes, watches, washes, fixes 등
〈자음+-y〉로 끝나는 동사	y → i+-es	cries, studies, tries 등

＊불규칙 변화: have → **has**

2 일반동사의 부정문

● 동사원형 앞에 don't[do not]이나 doesn't[does not]을 써서 표현한다. 주어가 3인칭 단수일 때 doesn't를 쓴다.

= don't

| I | do not | eat | | 나는 양파를 먹지 않는다. |
| Dad | does not | like | onions. | 아빠는 양파를 좋아하지 않으신다. |

주어   = doesn't   동사원형

3 일반동사의 의문문

● 〈Do/Does+주어+동사원형 ～?〉 어순으로 쓴다. 주어가 3인칭 단수일 때 does를 쓴다.

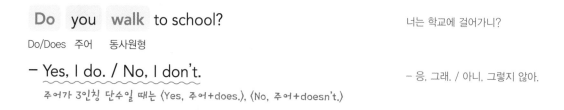

Do you **walk** to school?   너는 학교에 걸어가니?

Do/Does 주어   동사원형

– Yes, I do. / No, I don't.   – 응, 그래. / 아니, 그렇지 않아.

　　주어가 3인칭 단수일 때는 〈Yes, 주어+does.〉, 〈No, 주어+doesn't.〉

오답노트 주어가 3인칭 단수일 때, 일반동사의 부정문·의문문은 **does** 뒤에 항상 동사원형을 쓴다.

My sister **doesn't** ~~eats~~ (→ eat) cheese.

Does Jay ~~likes~~ (→ like) ice cream?

문장으로 CHECK UP

A

단어
배열하기

1 우리는 영자 신문을 읽는다. (newspapers, read, English, we)

2 너의 사촌들은 학교에 다니니? (your cousins, school, do, go to)

3 그들은 해산물을 먹지 않는다. (they, seafood, do, eat, not)

4 그녀는 서울에 사니? (in Seoul, does, live, she)

5 나의 개는 물지 않아요. (bite, not, my dog, does)

B

빈칸
채우기

1 이 비행기는 매우 빠르게 난다. (fly, this plane)

                              very fast.

2 나는 남자 친구가 없다. (have)

                              a boyfriend.

3 Ethan은 여름마다 그 지붕을 고친다. (fix, the roof)

Ethan   every summer.

4 Harry와 Sally는 그 시험을 함께 준비하니? (prepare for)

            Harry and Sally   the exam together?

5 그는 청량음료를 마시지 않는다. (drink)

                              soft drinks.

6 너희 선생님은 네 이름을 기억하시니? (remember, your teacher)

                              your name?

C

1 그는 식사 후에 설거지를 한다. (wash the dishes)

_____ after meals.

2 그 오리는 강에서 수영하지 않는다. (swim, the duck)

_____ in the river.

3 Steve는 안경을 쓰니? (glasses, wear)

_____

4 나는 영어 이름을 가지고 있지 않다. (an English name, have)

_____

5 그들은 채소를 싫어하나요? (vegetables, hate)

_____

D

1 그녀는 세 명의 오빠가 있다.

She have three brothers.

→

2 그 가수들은 작곡하니?

Are the singers write music?

→

3 그는 기타를 치지 않는다.

He don't plays the guitar.

→

4 나는 그들이 이해 가지 않는다.

I do understand not them.

→

5 수지는 매일 아침에 식사를 하니?

Does Suzy has breakfast every morning?

→

빈출 유형 **표를 보고 영작하기**

예제 다음 Bella의 오전 일과표를 보고, 표에 나온 말을 활용하여 글을 완성하시오.

7:00 a.m.	wake up
7:20 a.m.	have breakfast
7:30 a.m.	brush my teeth
8:50 - 9:40 a.m.	attend writing class

This is Bella's morning schedule.
She wakes up at 7:00 a.m.
❷She (1) _____
at 7:20 a.m.
❸(2) _____
at 7:30 a.m.
(3) _____
from 8:50 to 9:40 a.m.

★ 서술형 문제 풀이 과정

❶ 일과표의 시간에 해당하는 활동을 찾아 주어에 맞는
동사 형태로 쓰는 문제

❷ 3인칭 단수 주어(She)에 맞는 동사 형태로 쓰기
: has, brushes, attends

❸ (2), (3)번은 주어도 함께 써주기

TIP 주어가 3인칭 단수일 때, 일반동사의 현재형 형태를 알맞게
쓰자!

---

1 다음 나와 세호의 주말 일과표를 보고, 표에 나온 말을 활용하여 글을 완성하시오.

	I	Seho
morning	don't go jogging	go jogging
afternoon	read a book	study French
night	do homework	do homework

In the morning, I (1) _____
jogging. But Seho (2) _____.
In the afternoon, I (3) _____.
Seho (4) _____. At night, Seho
and I (5) _____.

2 다음 정보를 보고, 표에 나온 말을 활용하여 친구를 소개하는 글을 완성하시오. (빈칸에 한 단어씩 쓸 것)

Name	Amy
Age	15 years old
Home	live in Daejeon
After-school activities	• watch funny videos • draw cartoons

This is my friend Amy. She (1) _____ 15
years old. She (2) _____ in Daejeon. She
(3) _____ live in Seoul. After school, she
(4) _____ _____ _____ and (5)
_____ cartoons.

기출문제로 WRAP UP

01 다음 대화를 읽고, 괄호 안에 주어진 말을 바르게 배열하시오.

> **A** _____?
>
> (brown, are, the leaves)
>
> **B** Yes, they are. It is fall!

02 다음 각 문장을 부정문으로 바꿔 쓰시오.

(1) Tokyo is a large city.

→ _____

(2) Daniel reads quickly.

→ _____

(3) My sister and I drink coffee.

→ _____

03 주어진 대화가 자연스럽도록 빈칸에 알맞은 말을 쓰시오.

(1) **A** _____ _____ a pilot?

   B No, _____ _____.

   He is a nurse.

(2) **A** _____ _____ like your

   new class?

   B _____, _____ _____.

   I like my new teacher, too.

04 다음 대화를 읽고, 밑줄 친 우리말과 일치하도록 대화를 완성하시오.

> **A** (1) 너는 형제나 자매를 가지고 있니?
>
> **B** No, I don't.
>
> **A** (2) 너는 외동이니?
>
> **B** Yes, I am.

(1) _____ brothers or sisters?

(2) _____ an only child?

05 괄호 안에 주어진 말을 올바른 형태로 바꿔 쓰시오. (빈칸에 한 단어씩 현재시제로 쓸 것)

(1) I _____ not in my room. I'm in the living room. (be)

(2) I _____ a dog. Sora _____ a cat. (have)

(3) The baby _____ at night. (cry)

06 다음 각 문장을 의문문으로 바꿔 쓰시오.

(1) The people take the subway.

→ _____

(2) Our new teacher is Mr. Stevens.

→ _____

07 다음 Fred를 소개하는 글을 읽고, 어법상 틀린 문장 2개를 찾아 다시 쓰시오.

Fred is 14 years old. He are a middle school student. He goes to NE Middle School. He likes soccer. He don't likes math. So he's not good at math.

(1) _____

(2) _____

[08~09] 우리말과 일치하도록 〈보기〉에서 필요한 단어만 골라 영작하시오. (한 단어를 여러 번 쓸 수 있음)

08 보기

Eric, Gina, is, are, do, does, sad, happy, bake cookies, make pasta, and, or, so

(1) _____

(Eric은 쿠키들을 굽니?)

(2) _____

(Eric과 Gina는 슬프다.)

09 보기

she, he, is, isn't, are, aren't, hungry, thirsty, don't, doesn't, play, plays, baseball, basketball

(1) _____

(그녀는 목이 마르다. 그녀는 배고프지 않다.)

(2) _____

(그는 농구를 한다. 그는 야구를 하지 않는다.)

10 다음 그림과 일치하도록 빈칸에 알맞은 말을 쓰시오.

A Is the boy tall?

B _____, _____ _____.

_____ _____ short.

A Does the girl have blonde hair?

B _____, _____ _____.

_____ _____ brown hair.

11 다음 고양이 Mao의 일과표를 보고, 〈조건〉에 맞게 글을 완성하시오.

고양이 Mao의 일과표

10:00 a.m.	get up
10:30 a.m.	eat food
12:00 p.m.	play with a toy mouse
12:30 p.m.	go for a walk

조건
- 주어, 동사가 들어간 완전한 문장으로 쓸 것
- 표에 제시된 시간과 표현을 포함하여 쓰되, 필요 시 형태를 바꿀 것

Mao gets up at 10 a.m.

It eats food at 10:30 a.m.

(1) _____

_____

(2) _____

_____

CHAPTER
02

시제와 조동사

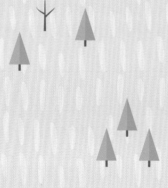

03   04

05

06

1 과거시제

◐ be동사: am/is의 과거형은 was로, are의 과거형은 were로 쓴다.

I was busy *last month.*

나는 지난달에 바빴다.

과거시제는 과거를 나타내는 표현과 자주 쓰임

They were in the same class last year.

그들은 작년에 같은 반이었다.

◑ 일반동사: 일반동사의 과거형은 끝에 -(e)d를 붙이는 규칙동사와 불규칙동사로 나뉜다.

Paul played baseball yesterday.

Paul은 어제 야구를 했다.

He took a guitar lesson last week.

그는 지난주에 기타 수업을 받았다.

2 과거시제의 부정문

◐ was/were의 부정문: 〈was/were+not〉 / 일반동사 과거형의 부정문: 〈did not+동사원형〉

I wasn't sick. I didn't go to a doctor.

나는 아프지 않았다. 나는 의사에게 가지 않았다.

└─ 줄여 쓸 수 있음 ─┘

My parents weren't home last night.

나의 부모님께서는 어젯밤에 집에 안 계셨다.

3 과거시제의 의문문

◐ was/were의 의문문: 〈Was/Were+주어 ~?〉 / 일반동사 과거형의 의문문: 〈Did+주어+동사원형 ~?〉

You were late last time.

너는 지난번에 늦었다.

Were you late last time?

너는 지난번에 늦었니?

→ 대답은 Yes, I was. / No, I wasn't.

Harry ate breakfast.

Harry는 아침을 먹었다.

Did Harry eat breakfast?

Harry는 아침을 먹었니?

→ 대답은 Yes, he did. / No, he didn't.

일반동사 과거형의 부정문·의문문은 주어의 인칭과 수에 관계없이 did[Did]를 사용하며, 뒤에 동사원형을 쓴다.
Jack and Jill **didn't watched** (→ **watch**) a movie.
Did he **goes** (→ **go**) out last night?

A

단어
배열하기

1 Oliver는 공원에서 운동했다. (in a park, exercised, Oliver)

2 Lisa는 은행에 없었다. (Lisa, at the bank, not, was)

3 너는 나에게 화가 났었니? (me, were, angry at, you)

4 나는 나의 엄마께 거짓말을 하지 않았다. (my mom, lie to, I, didn't)

5 그녀가 이 에세이를 썼니? (write, she, this essay, did)

B

빈칸
채우기

1 나는 그때 배고프지 않았어. (hungry)

_____ at that time.

2 그들은 지난 크리스마스에 함께 춤췄다. (dance, together)

_____ last Christmas.

3 그 가수는 한국에서 콘서트를 열었나요? (have, the singer)

_____ a concert in Korea?

4 Amy와 Jack은 똑똑하고 친절했다. (smart)

_____ and kind.

5 네 여동생은 어제 도서관에 있었니? (at, your sister)

_____ the library yesterday?

6 그는 재킷을 입지 않았다. (wear)

_____ a jacket.

C

문장 완성하기

1 너는 오늘 아침에 긴장했었니? (nervous)

　　　　　　　　　　　　　　　　　　　　　　　　　this morning?

2 그들은 바다에서 수영하지 않았다. (swim)

　　　　　　　　　　　　　　　　　　　　　　　　　in the ocean.

3 나는 지난주에 새 전화기를 샀다. (a new phone, buy)

　　　　　　　　　　　　　　　　　　　　　　　　　last week.

4 너는 저 뮤지컬을 봤니? (that musical, see)

5 Nicole은 나에게 노래 한 곡을 불러주었다. (sing a song, to)

D

틀린 부분 고쳐 쓰기

1 그는 요가 수업을 들었다.

He taked a yoga class.

→

2 너는 어제 그녀에게 전화했니?

Did you called her yesterday?

→

3 그녀는 그녀의 선물들을 열었다.

She was open her gifts.

→

4 그 상자는 비어 있었니?

Were the box empty?

→

5 그 버스는 멈추지 않았다.

The bus did stop not.

→

서술형으로 STEP UP

>> Answer p.03

빈출 유형 표를 보고 영작하기

예제 친구들이❶지난주에 한 일을 나타낸 다음 표를 보고, 빈칸에 알맞은 말을 쓰시오.

	Ron	Harry	Hermione
study math			○
read a book			○
send emails		○	
play chess	○		

★ 서술형 문제 풀이 과정

❶ 지난주에 한 일이므로 과거시제로 표현하는 문제

❷ 각 동사의 과거형: studied, read, sent, played

❸ 각 친구들이 한 일을 표에서 찾아 과거시제로 쓰기

(1) Ron _____ _____ last week.

(2) Harry _____ _____ last week.

(3) Hermione _____ _____ and

_____ _____ _____

last week.

TIP 일반동사의 규칙·불규칙 과거형을 기억해두자!

---

1 Smith 부부가 지난 토요일에 한 일과 하지 않은 일을 나타낸 다음 표를 보고, 빈칸에 알맞은 말을 쓰시오.

	한 일	하지 않은 일
Ms. Smith	ride a bike	go shopping
Mr. Smith	teach Chinese	practice soccer

(1) Ms. Smith _____ _____

_____ last Saturday. She

_____ _____ shopping.

(2) Mr. Smith _____ _____ last

Saturday. He _____ _____

_____ soccer.

2 Nate의 어제 계획표를 보고, 다음 〈보기〉와 같이 어제 한 일과 하지 않은 일을 쓰시오.

활동	실천 여부
(0) get up at 8 a.m.	○
(1) visit my grandparents	○
(2) finish my homework	×
(3) meet my friends	○

보기
(0) He got up at 8 a.m.

(1) _____

(2) _____

(3) _____

1 진행형

● 현재진행형: '~하고 있다, ~하는 중이다'는 〈am/are/is+v-ing〉로 쓴다.

| Chris | is | | working | right now. | | Chris는 지금 일하고 있다. |

| Chris | is | not | working | right now. | 부정문 | Chris는 지금 일하고 있지 않다. |

| Is | Chris | | | working | right now? | 의문문 | Chris는 지금 일하고 있니? |

→ 대답은 Yes, he is. / No, he isn't.

● 과거진행형: '~하고 있었다, ~하는 중이었다'는 〈was/were+v-ing〉로 쓴다.

| Julie | was | | cooking | then. | | Julie는 그때 요리하고 있었다. |

| Julie | was | not | cooking | then. | 부정문 | Julie는 그때 요리하고 있지 않았다. |

| Was | Julie | | | cooking | then? | 의문문 | Julie는 그때 요리하고 있었니? |

→ 대답은 Yes, she was. / No, she wasn't.

2 미래시제

● '~일 것이다, ~할 것이다'는 〈will+동사원형〉 또는 〈be동사+going to+동사원형〉으로 쓴다.

| She | will | | meet | him tomorrow. | | 그녀는 내일 그를 만날 것이다. |

주어가 대명사일 때 축약 가능 (= She'll)

| She | will | not | meet | him tomorrow. | 부정문 | 그녀는 내일 그를 만나지 않을 것이다. |

= won't

| Will | she | | meet | him tomorrow? | 의문문 | 그녀는 내일 그를 만나게 될까? |

→ 대답은 Yes, she will. / No, she won't.

| You | are | | going to visit | Seoul. | | 너는 서울을 방문할 것이다. |

| You | are | not | going to visit | Seoul. | 부정문 | 너는 서울을 방문하지 않을 것이다. |

| Are | you | | going to visit | Seoul? | 의문문 | 너는 서울을 방문할 거니? |

→ 대답은 Yes, I am. / No, I'm not.

출제포인트 동사의 -ing형을 쓸 때 다음과 같은 동사에 주의한다.

-e로 끝나는 동사	e 빼고+-ing	ma**king**, ta**king** 등
〈단모음+단자음〉으로 끝나는 동사	마지막 자음 한 번 더 쓰고+-ing	si**tting**, swi**mming** 등
-ie로 끝나는 동사	ie → y+-ing	lie → l**ying**, tie → t**ying** 등

A

단어
배열하기

1 Ben은 수학을 공부하는 중이 아니다. (is, Ben, studying, not, math)

2 그 영화는 오후 8시에 시작할 것이다. (will, at 8 p.m., start, the movie)

3 그 학생들은 듣고 있지 않았다. (not, listening, the students, were)

4 Sophia는 크리스마스 카드를 쓰고 있니? (writing, is, Sophia, a Christmas card)

5 우리는 전주로 이사갈 것이다. (Jeonju, are, we, move to, going to)

B

빈칸
채우기

1 그들은 그 야구 동아리에 가입하지 않을 것이다. (join)

    the baseball club.

2 그 소년들이 공을 던지고 있었니? (the boys, throw)

    a ball?

3 그는 2015년에 파리에서 살고 있었다. (live in)

    Paris in 2015.

4 나는 그를 너에게 소개하지 않을 것이다. (introduce)

I'm   him to you.

5 그녀는 테니스를 칠 거니? (play)

    tennis?

6 그 사자들은 빠르게 달리고 있지 않다. (run, the lions)

    fast.

1 나는 너에게 그 이야기를 말하지 않을 것이다. (tell, will)

you the story.

2 그들은 여행을 계획하고 있니? (plan a trip)

3 Dan이 신발끈을 묶고 있다. (tie his shoes)

4 그 아기들은 울고 있지 않았다. (cry, the babies)

5 나는 나의 엄마를 도울 것이다. (be going to, my mom, help)

1 나는 만화 캐릭터를 그리고 있다.

I was drawing a cartoon character.

→

2 그가 너의 생일 파티에 올까?

Will he comes to your birthday party?

→

3 너는 집에서 잠을 자고 있었니?

Were sleeping you at home?

→

4 그녀는 다음 달에 컴퓨터를 살 예정이다.

She is going to buying a computer next month.

→

5 Katie는 자전거를 타고 있지 않았다.

Katie was not rideing a bike.

→

서술형으로 STEP UP

빈출유형 그림 보고 영작하기

예제❶ 다음 그림을 보고, 질문에 알맞은 대답을 쓰시오.

★ 서술형 문제 풀이 과정

❶ 그림의 내용을 영작하는 문제

❷ 질문이 현재진행형이므로, 대답도 현재진행형
 : ⟨am / are / is + v-ing⟩

Q❷ What is he doing?

A _____ _____ _____

water.

(TIP) 대답의 시제는 질문의 시제에 맞춰 쓰자!

---

1 다음 그림을 보고, 질문에 알맞은 대답을 쓰시오. (축약형을 쓰지 말 것)

Q What are you going to do after school, Cathy?

A _____ _____ _____

_____ _____ _____

after school.

2 다음 그림을 보고, 등장인물이 무엇을 하고 있는지 쓰시오. (현재진행형으로 쓸 것)

(1) Mike _____ _____.

(2) Bell _____ _____ a book.

(3) They _____ _____

sandwiches.

1   조동사

● 조동사 be동사나 일반동사에 추측·의무 등의 의미를 더해주며, 뒤에 동사원형을 쓴다.

동사원형

Jane **can** **play** basketball.   Jane은 농구를 할 수 있다.

Jane **cannot** **play** basketball. 부정문   Jane은 농구를 할 수 없다.
cannot은 붙여 씀

Can Jane **play** basketball? 의문문   Jane은 농구를 할 수 있니?

→ 대답은 Yes, she can. / No, she can't.

2   조동사의 의미

● 하나의 조동사는 문맥과 쓰임에 따라 여러 의미를 가질 수 있다.

You **may** **go** now. 허가   당신은 지금 가도 좋습니다.

His story **may** **be** true. 추측   그의 이야기는 사실일지도 모른다.

You **must** **do** your homework. 의무   너는 너의 숙제를 해야 한다.

She **must** **be** really upset. 강한 추측   그녀는 마음이 정말로 상한 게 틀림없다.

조동사	용법	의미	부정형
will	미래	~할 것이다 (= be going to)	will not (= won't)
	의지	~하겠다	
	요청	~해 주시겠어요?	
can	능력·가능	~할 수 있다 (= be able to)	cannot (= can't)
	허가	~해도 좋다	
	요청	~해 주시겠어요?	
may	허가	~해도 좋다	may not (축약형 없음)
	추측	~일지도 모른다	
must	의무	~해야 한다 (= have/has to)	must not (= mustn't)
	강한 추측	~임이 틀림없다	cannot (= can't) ── '~일 리가 없다'
should	충고·제안	~해야 한다	should not (= shouldn't)

*⟨have/has to⟩의 부정형 ⟨don't/doesn't have to⟩는 '~할 필요가 없다'는 의미이다.

출제
포인트

1 조동사는 주어의 인칭과 수에 따라 형태가 변하지 않는다.
  He ~~mays~~ (→ may) call you.

2 조동사는 연달아 쓸 수 없다. 조동사 두 개의 의미를 표현하려면, 하나는 조동사를 대신하는 말로 바꿔 쓴다.
  I ~~will can~~ (→ will be able to) see you.

A
단어
배열하기

1 너는 열심히 일해야 한다. (must, you, hard, work)

2 제가 화장실에 가도 될까요? (go to, I, the bathroom, may)

3 나는 그를 믿지 않을 것이다. (him, I, not, trust, will)

4 너는 너의 비밀번호를 바꿔야 한다. (change, should, your password, you)

5 Tory는 그 문제를 풀 수 있다. (solve, Tory, the problem, is able to)

B
빈칸
채우기

1 그들은 화가 난 게 틀림없다. (angry)

They _____ .

2 그녀는 사람들을 그릴 수 없다. (draw)

_____ people.

3 제가 그 전화를 받아야 하나요? (answer, should)

_____ the phone?

4 너는 나를 위해 주방을 청소해 주겠니? (clean)

_____ the kitchen for me?

5 우리는 지금 당장 결정할 필요가 없다. (decide)

_____ right now.

6 그는 그 회의에 늦을지도 모른다. (late for)

_____ the meeting.

C

**문장
완성하기**

1 제가 지금 교실을 나가도 되나요? (leave)

_____ the classroom now?

2 그는 그 비밀을 말해서는 안 된다. (tell)

_____ the secret.

3 너는 기다려야 할 것이다. (will, wait)

_____

4 당신은 천천히 운전해야 한다. (drive, should, slowly)

_____

5 Thomas는 이 상자를 들어 올릴 수 있다. (this box, lift)

_____

D

**틀린 부분
고쳐 쓰기**

1 당신은 당신의 이웃들에게 친절해야 한다.

You should are kind to your neighbors.

→ _____

2 나는 그의 수업을 들을 수 있을 것이다.

I will can take his class.

→ _____

3 그녀는 조용하게 말할 필요가 없다.

She has to not talk quietly.

→ _____

4 내 여동생은 4개국어를 말할 수 있다.

My sister cans speak four languages.

→ _____

5 Peter는 그 주소를 알지도 모른다.

Peter may knows the address.

→ _____

빈출
유형 **표지판 해석하기**

예제 다음 표지판을 보고, 조동사와 괄호 안에 주어진 말을 사용하여 빈칸에 알맞은 말을 쓰시오.

★ 서술형 문제 풀이 과정

❶ 금지를 나타내는 표지판

❷ '～하면 안 된다'는 금지의 의미
  : 〈must/should not+동사원형〉

→ You❷_____ _____ _____

_____ _____ here. (trash,

throw away)

TIP 금지·의무를 나타내는 안내판은 보통 must나 should를 사용한다!

---

1 다음 표지판을 보고, 조동사와 괄호 안에 주어진 말을 사용하여 빈칸에 알맞은 말을 쓰시오.

→ You _____ _____ _____

_____ _____ in the car.

(wear a seat belt)

2 다음 표지판을 보고, 우리말과 일치하도록 조동사와 괄호 안에 주어진 말을 사용하여 빈칸에 알맞은 말을 쓰시오.

→ You _____ _____ _____.

(park)

(당신은 이곳에 주차해도 좋습니다.)

01 괄호 안에 주어진 말을 활용하여 질문에 알맞은 대답을 쓰시오.

(1) **Q** What was he doing?

A _____ _____ _____. (dance)

(2) **Q** What did you eat for lunch?

A _____ _____ _____. (pizza)

(3) **Q** What are we going to do tomorrow?

A _____ _____ _____ _____

_____ _____. (watch a movie)

02 다음 행동을 하는 사람들에게 충고하는 말을 〈조건〉에 맞게 쓰시오.

조건
- must 또는 must not을 사용할 것
- 행동에 제시된 표현을 활용할 것

(1) A man is hitting dogs.

→ You _____.

(2) A girl didn't clean her room.

→ You _____.

03 로봇 디보의 기능을 보여주는 다음 표를 보고, 표의 내용과 일치하도록 질문에 알맞은 대답을 쓰시오.

	do housework	speak in English
Dibo the Robot	○	×

Q Can Dibo speak in English?

A No, it _____. But it _____ _____ housework.

04 다음 날씨 예보를 보고, 우리말과 일치하도록 빈칸에 알맞은 말을 쓰시오.

Yesterday	Today	Tomorrow

A (1) _____ _____ _____ yesterday? (어제 비가 왔니?)

B No, it didn't.

A Is it raining now?

B No. (2) _____ _____ _____ now. (지금 비가 오고 있지 않아.)

A (3) _____ _____ _____ tomorrow? (내일 비가 올까?)

B (4) Yes, _____ _____.

(5) It _____ _____ tomorrow. (응, 그래. 내일 비가 올 거야.)

05 괄호 안에 주어진 말을 사용하여 그림 속 친구에게 해줄 조언을 쓰시오.

→ You _____ water. (waste, should)

06 우리말을 영어로 바꿔 쓸 때, 틀린 문장을 찾아 다시 쓰시오.

> **A** Are you going to borrow books?
> (너는 책들을 빌릴 거니?)
>
> **B** Yes, I am. I may finish my homework today.
> (응, 그래. 나는 오늘 숙제를 끝내야 해.)

→ _____

_____

07 다음 각 문장을 괄호 안의 지시에 맞게 바꿔 쓰시오.

(1) The poor cat died alone. (과거진행형으로)

→ _____

(2) The boys fought. (부정문으로)

→ _____

(3) They were ski jumpers. (의문문으로)

→ _____

08 빈칸에 알맞은 말을 〈보기〉에서 골라 쓰시오.

> ┌ 보기 ┐
> must   may   will   won't

(1) **A** _____ I use the restroom?

B Of course. The restroom is over there.

(2) **A** Will they leave this town?

B No. They _____ leave this town.

09 우리말과 일치하도록 괄호 안에 주어진 말을 활용하여 빈칸에 알맞은 말을 쓰시오.

(1) 나는 새 차를 사지 않을 것이다. (buy)

→ I _____ _____ _____ a new car.

(2) 너는 걱정할 필요가 없다. (worry)

→ You _____ _____ _____ _____ .

(3) 그녀는 우리의 결혼식에 있지 않았다. (be)

→ _____ _____ _____ at our wedding.

10 다음 그림을 보고, 괄호 안에 주어진 말을 활용하여 질문에 알맞은 대답을 쓰시오.

Q What are they doing?

(1) The man _____ .
(cut potatoes)

(2) The woman _____ .
(make cupcakes)

(3) The cat _____ .
(lie on the floor)

시험일	월	일
점수	/	문항

01 우리말과 일치하도록 괄호 안에 주어진 말을 바르게 배열하시오.

(1) 너는 그때 속상했니?

(upset, you, at that time, were)

→ _____

(2) 나는 나의 책들을 팔 것이다.

(sell, I, my books, going, am, to)

→ _____

(3) 그녀는 저 신발을 살 필요가 없다.

(doesn't, those shoes, she, buy, have to)

→ _____

02 다음 각 문장을 괄호 안의 지시에 맞게 바꿔 쓰시오.

(1) I take tango lessons. (현재진행형으로)

→ _____

(2) She tied her hair back. (과거진행형으로)

→ _____

(3) They had fun at the party. (의문문으로)

→ _____

(4) Hyenas hunt for food. (부정문으로)

→ _____

(5) The children ran to the toy store. (부정문으로)

→ _____

_____

03 다음 행동을 하는 사람들에게 충고하는 말을 〈조건〉에 맞게 쓰시오.

┌ 조건 ┐
• 조동사 should를 사용할 것
• 행동에 제시된 표현을 활용할 것

(1) Some children are playing in the road.

→ You _____.

(2) Your friend doesn't wear sunblock when the sunlight is strong.

→ You _____

when the sunlight is strong.

04 다음 대화를 읽고, 어법상 **틀린** 곳 2개를 찾아 바르게 고쳐 쓰시오.

A What you are cooking?

B I'm cooking pasta.

A Wow! It musts be delicious!

(1) _____ → _____

(2) _____ → _____

05 다음 표를 보고, 질문에 알맞은 대답을 쓰시오.

	read German	speak Chinese
Mike	×	○

Q Can Mike read German?

A _____, _____.

But he _____.

06 괄호 안에 주어진 말을 문맥에 맞게 바꿔 쓰시오. (빈칸에 한 단어씩 쓸 것)

(1) We _____ in the same camp last summer. (be)

(2) Is she _____ our homework now? (check)

(3) Juho is a soccer player, but Hoyoung _____ _____. (be)

07 다음 표지판을 보고, 조동사 must와 괄호 안에 주어진 말을 사용하여 문장을 완성하시오.

→ You _____ here.
  (pets, bring)

08 다음 글을 읽고, 어법상 틀린 문장 2개를 찾아 다시 쓰시오.

Tom is an actor. He is from England. He is 21 years old. His favorite color are blue. He acted in many movies. My brother and I loves his movies.

(1) _____

(2) _____

09 Mia가 주말마다 하는 일을 나타내는 표를 보고, 다음 글을 완성하시오.

Mia's Weekend	
Saturday	go for a walk in the morning
	have lunch with Sarah
Sunday	study some subjects
	watch a movie

Every Saturday, Mia _____ _____ _____ _____ in the morning. Also, she _____ _____ _____ _____. On Sundays, she _____ _____ _____ and _____ _____ _____.

10 다음 〈보기〉를 참고하여 빈칸에 알맞은 질문과 대답을 쓰시오.

┌ 보기 ┐
A Do you have a red pen?
B No, I don't. But I have a blue pen.
└────────────────────────────────┘

(1) **A** _____ _____ a designer?
  B _____, _____ _____.
  He is a reporter.

(2) **A** _____ _____ exercise every day?
  B _____, _____ _____.
  I ride a bike every day.

11 나의 어제 계획표를 보고, 다음 〈보기〉와 같이 내가 어제 한 일과 하지 않은 일을 쓰시오.

활동	실천 여부
get up at 7 o'clock	○
(1) run in the park	○
(2) do my homework	×
(3) clean my room	×

┌ 보기 ┐
I got up at 7 o'clock.
└────────┘

(1) _____

(2) _____

(3) _____

12 다음 그림을 보고, 괄호 안에 주어진 말을 활용하여 질문에 알맞은 대답을 쓰시오.

(1) **Q** What are the people doing?

  A They _____. (skate)

(2) **Q** What is the duck doing?

  A It _____. (swim)

13 다음 대화를 읽고, 우리말과 일치하도록 빈칸에 알맞은 말을 쓰시오.

> **A** Molly와 Sunny는 너의 언니들이니?
> **B** 네, 맞아요. 그들은 고등학생이에요.

→ **A** _____ _____ _____

  _____ your sisters?

  B _____, _____ _____.

  _____ _____ high school

  students.

14 우리말과 일치하도록 〈보기〉에서 필요한 단어만 골라 문장을 완성하시오.

(1) ┌ 보기 ┐
he, she, do, does, don't, doesn't,
did, didn't, have, has, a headache,
a stomachache
└────────┘

  → _____

  (그녀는 두통이 있지 않다.)

(2) ┌ 보기 ┐
I, we, he, she, ask, asks, asked,
asking, may, must, should, a favor,
a question
└────────┘

  → _____

  (제가 질문을 하나 해도 될까요?)

(3) ┌ 보기 ┐
am, are, is, was, were, not, no,
the playground, the classroom,
busy, quiet, fun
└────────┘

  → _____

  (그 교실은 조용하지 않았다.)

15 남동생의 내일 계획표를 보고, 남동생이 내일 할 일과 하지 않을 일을 〈조건〉에 맞게 쓰시오.

활동	계획 여부
(1) play the drums	○
(2) go to the dentist	○
(3) see a musical	×

┌ 조건 ─────────────────────
• be going to와 표에 나온 표현을 활용할 것
• 주어는 대명사로 쓸 것
• 완전한 영어 문장으로 쓸 것
└────────────────────────

(1) _____

(2) _____

(3) _____

16 우리말과 일치하도록 괄호 안에 주어진 말을 활용하여 빈칸에 알맞은 말을 쓰시오.

(1) 저를 위해 택시를 잡아 줄래요? (catch)

→ _____ _____ _____ a taxi for me?

(2) 그녀는 그들에게 동의하지 않을 것이다. (agree)

→ _____ _____ _____ with them.

(3) 난 너에게 거짓말하고 있지 않아! (lie)

→ _____ _____ _____ to you!

(4) 너는 걱정할 필요가 없다. (worry)

→ You _____ _____ _____ _____ .

17 우리말을 영어로 바꿔 쓸 때, 틀린 문장 2개를 찾아 다시 쓰시오.

• His dreams should come true.

(그의 꿈은 실현될지도 모른다.)

• Do Alicia walks every day?

(Alicia는 매일 걷니?)

• Uncle Dave is able to teach you math.

(Dave 삼촌은 너에게 수학을 가르쳐줄 수 있다.)

(1) _____

(2) _____

18 다음 Steve의 일과표를 보고, Steve의 하루 일과를 묘사하는 글을 완성하시오.

My Daily Life

7:30 a.m.	get up
8:00 a.m.	wash my face
9:00 a.m.	take morning classes
12:30 p.m.	have lunch with my friends
2:00 p.m.	do after-school activities
4:00 p.m.	come home

Steve gets up at 7:30 a.m. He (1) _____ _____ at 8 a.m. He takes morning classes from 9 a.m. He (2) _____ _____ at 12:30 p.m. He (3) _____ take regular classes, but he (4) _____ from 2 p.m. He (5) _____ at 4 p.m.

>>> **START**

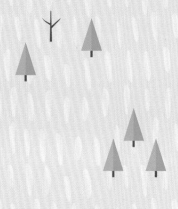

CHAPTER
03
to부정사와
동명사

1 to부정사의 명사적 용법

● 주어: '~하는 것은[이]'의 의미로, to부정사(구)가 주어일 때는 대개 가주어 it을 쓰고 to부정사(구)는 문장 뒤로 보낸다.

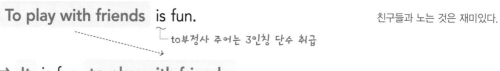

To play with friends is fun.
└ to부정사 주어는 3인칭 단수 취급

→ It is fun to play with friends.
　가주어　　　　　　　진주어

친구들과 노는 것은 재미있다.

● 보어: '~하는 것(이다)'의 의미로, 주어에 대해 설명하는 보어로 쓰인다.

My job is to teach music.
　주어　동사　　보어

내 직업은 음악을 가르치는 것이다.

● 목적어: '~하는 것을'의 의미로, 동사 want, need, hope, plan, learn, choose, decide 등의 목적어로 쓰인다.

I want to buy new clothes.
주어　동사　　　목적어

나는 새 옷을 사기를 원한다.

2 to부정사의 형용사적 용법

● '~할, ~하는'이라는 의미로 명사나 대명사를 꾸며줄 수 있으며, 〈(대)명사+to부정사〉로 쓴다.

I have a secret to tell you.
We need something to eat.
　　　　(대)명사　　to부정사

나는 너에게 말할 비밀이 있다.

우리는 먹을 것이 필요하다.

3 to부정사의 부사적 용법

● '~하기 위해서'라는 의미로 목적을 표현할 때 쓸 수 있다.

He went to New York to watch a musical.

그는 뮤지컬을 보기 위해 뉴욕에 갔다.

**오답
노트** -thing, -body, -one 등의 대명사를 형용사와 to부정사가 꾸며주는 경우, 〈(대)명사+형용사+to부정사〉의 어순으로 쓴다.
I don't have ~~interesting anything~~ (→ anything interesting) **to do** today.

A

단어
배열하기

1 나는 뉴스를 보기 위해 텔레비전을 켰다. (the TV, the news, to, turned on, watch)

I   .

2 나는 물을 마실 필요가 있다. (drink, I, to, water, need)

3 그녀의 꿈은 조종사가 되는 것이다. (a pilot, is, become, to, her dream)

4 Jimmy는 웃기는 말할 거리가 있다. (has, funny, to, Jimmy, something, say)

5 눈사람을 만드는 것은 신이 난다. (to, is, exciting, a snowman, it, build)

6 그는 노트북을 사기로 결정했다. (decided, a laptop, he, to, buy)

B

빈칸
채우기

1 나의 부모님은 이탈리아를 방문할 계획이다. (visit, plan)

My parents   Italy.

2 나는 그의 생일을 축하하기 위해 선물을 샀다. (birthday, celebrate)

I bought a present   .

3 나는 끝내야 할 숙제가 조금 있다. (finish, homework)

I have some   .

4 그의 목표는 10킬로그램을 빼는 것이다. (lose)

His goal   10 kilograms.

5 Emily는 공포 영화를 보기를 원한다. (want, watch)

Emily   a horror movie.

1 Jane은 우산을 가져오기 위해 집으로 갔다. (get, go home)

                                                          an umbrella.

2 그들은 그 질문에 대한 답을 찾기를 희망한다. (find, hope)

                                       the answer to the question.

3 매일 운동하는 것이 좋다. (exercise, good)

                                                 every day.

4 나의 형은 운전하는 것을 배우고 있다. (drive, learn)

My brother is   .

5 Hailey는 그녀를 도울 누군가를 찾았다. (someone, help, find)

                                                            her.

1 그는 예약을 하기 위해 그 호텔에 전화했다.

He called the hotel make a reservation.

→

2 나는 저녁으로 타코를 먹는 것을 선택했다.

I chose eat a taco for dinner.

→

3 우리의 역사를 기억하는 것은 중요하다.

That is important to remembers our history.

→

4 새로운 사람들을 만나는 것은 흥미롭다.

To meet new people are interesting.

→

5 항상 배울 만한 새로운 것은 있다.

There is always new something to learn.

→

빈출 유형 주어진 단어로 영작하기

예제 우리말과 일치하도록 괄호 안에 주어진 말을 활용하여 문장을 완성하시오.

❶그녀는 ❷수영하기 위해서 해변으로 ❶걸어갔다.
(swim, ❸walk, to the beach)

→ She _____.

TIP 우리말로 '~하기, ~하는 것, ~할, ~하는, ~하기 위해서' 등의 표현과 함께 동사가 주어지면 to부정사로 쓰자!

★ 서술형 문제 풀이 과정

❶ 문장의 주어와 동사를 파악해서 먼저 쓰기

❷ '수영하기 위해서'라는 〈목적〉은 부사적 용법의 to부정사로 표현하기

❸ 우리말 시제에 맞게 주어진 동사의 형태를 변형하여 썼는지 확인하기

[1~6] 우리말과 일치하도록 괄호 안에 주어진 말을 활용하여 문장을 완성하시오.

1
나는 너에게 보여줄 몇 장의 사진들을 가져왔다. (show you, photo, some)

→ I brought _____.

2
Lupe는 일출을 보기 위해 일찍 일어날 것이다. (the sunrise, see)

→ Lupe will get up early _____
_____.

3
그들은 집에 머물기로 결정했다.
(stay home, choose)

→ _____

4
나는 오늘 밤 외식하고 싶지 않다.
(want, eat out)

→ _____
 tonight.

5
부산은 방문할 많은 장소들을 가지고 있다.
(have, visit, many places)

→ Busan _____.

6
나는 캐나다로 여행하기 위해 돈을 모으고 있다. (save, travel to Canada)

→ _____

1 동명사의 역할

● 동명사는 〈동사원형+-ing〉 형태로 '~하기, ~하는 것'을 표현할 때, 명사처럼 주어·보어·목적어 자리에 쓴다.

Changing old habits is not easy.　　　　　　오래된 습관들을 바꾸는 것은 쉽지 않다.
　　　　주어
　　　　　　　문장의 핵심 주어는 Changing이므로 단수 취급

Her hobby is **collecting movie posters.**　　그녀의 취미는 영화 포스터들을 모으는 것이다.
　　　　　　　　　　보어

I enjoy **playing board games.**　　　　　　나는 보드게임 하는 것을 즐긴다.
　　　　　　목적어

2 동명사를 목적어로 쓰는 동사

● 동사 enjoy, finish, keep, practice, avoid, quit, mind, stop 등은 목적어로 동명사를 쓴다.

My uncle **practiced** **parking.**　　　　　나의 삼촌은 주차하는 것을 연습했다.

3 자주 쓰는 동명사 표현

Jisu **is busy preparing** for her exams.　　지수는 시험을 준비하느라 바쁘다.

We **go camping** every weekend.　　　　　우리는 주말마다 캠핑하러 간다.

■ **주요 동명사 표현**

go v-ing ~하러 가다	by v-ing ~함으로써
be busy v-ing ~하느라 바쁘다	feel like v-ing ~하고 싶다
be worth v-ing ~할 가치가 있다	look forward to v-ing ~하기를 고대하다
be good at v-ing ~하는 것을 잘하다	can't[cannot] help v-ing ~하지 않을 수 없다
spend+시간[돈]+v-ing ~하는 데 시간[돈]을 쓰다	be interested in v-ing ~하는 것에 관심이 있다

출제 포인트

to, by, in, at 등의 전치사 뒤에는 명사(상당어구)만 쓸 수 있으며, 전치사 뒤에 동사가 올 경우에는 동사를 명사의 역할을 하는 동명사로 바꿔야 한다.
Billy is good **at write** (→ writing).

A
단어
배열하기

1 프랑스어를 배우는 것은 어렵다. (hard, learning, is, French)

2 내가 가장 좋아하는 활동은 달리는 것이다. (running, my, is, favorite, activity)

3 나의 부모님은 공원에서 걷는 것을 즐기신다. (enjoy, in the park, my parents, walking)

4 네가 할 일은 침대를 정리하는 것이다. (the bed, your job, making, is)

5 우리는 계속 너의 열쇠를 찾을 것이다. (looking for, will, we, keep, your keys)

6 나는 그녀에 대해 생각하지 않을 수 없다. (help, I, thinking about, cannot, her)

B
빈칸
채우기

1 그들은 오늘 아침에 수영하러 갔다. (go, swim)

　　　　　　　　　　　　　　　　　this morning.

2 에세이를 쓰는 것은 나에게 어렵다. (difficult, write)

　　　　　　　an essay　　　　　　　for me.

3 Riley는 그의 책상을 청소하는 것을 끝냈다. (clean, finish)

Riley　　　　　　　his desk.

4 나는 별들을 따라감으로써 바다를 항해했다. (stars, follow)

I sailed the ocean　　　　　　　.

5 나의 엄마는 너를 만나기를 고대하고 계신다. (meet, look forward to)

My mom is　　　　　　　.

C

문장 완성하기

1 나는 휴식을 취하고 싶다. (take a break)

I feel   .

2 이 선생님은 컴퓨터 다루는 것을 잘한다. (use, good, computers)

Ms. Lee   .

3 너는 수업 중에 말하는 것을 그만해야 한다. (talk, stop, should)

during class.

4 나의 아버지는 5년 전에 담배피는 것을 끊으셨다. (quit, smoke)

five years ago.

5 저 영화는 볼 만한 가치가 있다. (watch, worth, that movie)

D

틀린 부분 고쳐 쓰기

1 저는 여기서 기다리는 것을 개의치 않아요.

I don't mind to wait here.

→

2 나의 남동생들은 스케이트를 타러 갔다.

My brothers went skate.

→

3 꽃들을 사는 것은 내가 하는 가장 좋아하는 일이다.

Buying flowers are my favorite thing to do.

→

4 너는 뜨개질하는 것에 관심이 있니?

Are you interested in to knit?

→

5 그들은 헬멧 없이 자전거를 타는 것을 피한다.

They avoid ride bikes without helmets.

→

서술형으로 STEP UP

빈출 유형 대화 영작하기

예제 다음 대화를 읽고, 괄호 안에 주어진 말을 활용하여 밑줄 친 우리말을 영작하시오.

A Where do you want to go this winter?
B I want to go to Pyeongchang.
A Why do you want to go there?
B 왜냐하면 내가 그곳에서 스키 타는 것을 즐길 수 있기 때문이야. (ski, can, enjoy)

→ Because _____ _____ _____
_____ there.

★ 서술형 문제 풀이 과정
❶ 우리말의 '스키 타는 것': to ski 또는 skiing
❷ enjoy는 동명사를 목적어로 쓰는 동사
❸ 〈주어＋조동사＋동사원형＋목적어〉 어순으로 영작하기

TIP to부정사를 목적어로 쓰는 동사와 동명사를 목적어로 쓰는 동사를 구분해서 기억하자!

1 다음 대화를 읽고, 괄호 안에 주어진 말을 활용하여 밑줄 친 우리말을 영작하시오.

A Judy, why aren't you eating vegetables?
B I don't like the taste, Mom.
A Why don't you try some? 신선한 야채들을 먹는 것은 너의 건강에 좋아. (eat, good, fresh)
B Okay, Mom. I'll try.

→ _____ _____ _____
_____ _____ for your health.

2 다음 대화를 읽고, 밑줄 친 우리말을 〈조건〉에 맞게 영작하시오.

A What do you want to be in the future?
B I want to be a travel writer.
(1) 나는 새로운 곳들을 방문하는 것에 관심이 있어.
A Wow. That sounds great. (2) 나도 여행하는 것을 즐겨.

조건
· (1)은 new, visit, place, interested in을 활용하고 5단어를 추가하여 문장을 완성할 것
· (2)는 too, travel, enjoy를 활용하여 4단어의 완전한 문장으로 쓸 것

(1) I'm _____.

(2) _____

01 우리말과 일치하도록 괄호 안에 주어진 말을 바르게 배열하시오.

(1) 나는 우주 비행사가 되고 싶다.

(an astronaut, be, I, to, want)

→ _____

(2) 나는 쇼핑하러 갈 필요가 있다.

(to, shopping, go, need, I)

→ _____

(3) 아빠는 5분 전에 아침 식사를 만드는 것을 끝마쳤다.

(ago, making, five minutes, breakfast, finished)

→ Dad _____

_____.

02 우리말과 일치하도록 〈보기〉에서 알맞은 단어를 골라 활용하여 쓰시오.

┌ 보기 ─────────────────┐
    play   walk   read
└────────────────────────┘

(1) Sylvia는 시를 계속해서 읽었다.

→ Sylvia kept _____ a poem.

(2) Jason은 그의 개를 산책시키는 것을 즐긴다.

→ Jason enjoys _____ his dog.

(3) 나의 딸은 피아노 치는 것을 배우고 있다.

→ My daughter is learning _____ the piano.

03 우리말과 일치하도록 괄호 안에 주어진 말을 활용하여 빈칸에 알맞은 말을 쓰시오.

┌──────────────────────────┐
│ 나는 학교 연극을 위해 연습하느라 바빴다. │
│ (practice)   │
└──────────────────────────┘

→ I _____ _____ _____ for the school play.

04 다음 대화를 읽고, 대화에 나온 표현을 활용하여 질문에 알맞은 대답을 쓰시오.

┌──────────────────────────┐
│ **A** Hi, Minho! Where are you going? │
│ **B** Hi! I'm going to the bakery. I need │
│   to buy a birthday cake for my sister. │
└──────────────────────────┘

Q Why is Minho going to the bakery?

A Minho is going to the bakery

_____ _____ _____

_____ _____.

05 어법상 틀린 곳을 찾아 바르게 고쳐 쓰시오.

(1) I decided take the cooking class.

_____ → _____

(2) Tom wants traveling Europe next year.

_____ → _____

(3) The shops are worth visit.

_____ → _____

06 다음 목록을 보고, 목록에 나온 표현을 활용하여 빈칸에 알맞은 말을 쓰시오.

To Do List	
Mom	do the laundry
Dad	wash the dishes
me	clean my room

Today is a cleaning day for my family. Mom's job is (1) _____ _____ _____. (2) _____ _____ _____ _____ Dad's job. I will clean my room.

07 다음 우리말을 〈조건〉에 맞게 영작하시오.

나는 영어 라디오를 들음으로써 영어를 공부한다.

┌─ 조건 ┐
• listen to, by, English radio를 활용할 것
• 5단어를 추가하여 문장을 완성할 것

→ I study English _____.

08 우리말과 일치하도록 괄호 안에 주어진 말을 활용하여 영작하시오.

(1) Elsa는 만날 사람들이 많다. (many people, meet, have)

→ _____

(2) 나는 골프 치는 것을 즐기지 않는다. (enjoy, play golf)

→ _____

[09~10] 대화에 나온 표현을 활용하여 대화의 내용을 요약하는 문장을 완성하시오.

09

Jim What are you going to do this weekend?

Mina I'm going to visit the museum. Will you join me?

Jim Sure. That sounds great!

→ Jim and Mina plan _____ _____ this weekend.

10

Ian What do you want for dessert?

Yuri I want to have some ice cream.

→ Yuri feels like _____ _____ for dessert.

11 Jinny의 가족이 주말에 했던 활동을 나타낸 다음 표를 보고, 빈칸에 알맞은 말을 쓰시오.

	주말에 간 곳	그곳에 간 목적
Dad	the mall	buy a razor
Mom	the library	borrow some books
Jinny	the playground	play badminton

(1) Dad went to the mall _____ _____ _____ _____.

(2) Mom went to _____ _____ _____ _____ _____.

(3) Jinny went to _____ _____ _____ _____ _____.

1 셀 수 있는 명사

● 셀 수 있는 명사가 한 개일 때는 앞에 a(n)을 쓰고, 두 개 이상일 때는 복수형으로 쓴다.

A woman went to the zoo with her **children**.　　　한 여자가 그녀의 아이들과 동물원에 갔다.
막연한 하나를 나타낼 때

There were many **animals** at the zoo.　　　동물원에는 많은 동물들이 있었다.

cf. '~(들)이 있다'는 〈there is+단수 명사〉 또는 〈there are+복수 명사〉로 표현할 수 있다.

■ **셀 수 있는 명사의 복수형 만드는 법**

명사의 형태	만드는 법	예시
대부분의 명사	+-s	girl → girl**s**, table → table**s**
-s, -ss, -sh, -ch, -o, -x로 끝나는 명사	+-es	box → box**es** (예외: photo**s**, piano**s**)
〈자음+-y〉로 끝나는 명사	y → i+-es	lady → lad**ies**, lily → lil**ies**
-f, -fe로 끝나는 명사	f(e) → v+-es	leaf → lea**ves**, knife → kni**ves** (예외: roof**s**)
불규칙 변화하는 명사		man → **men**, child → **children**, mouse → **mice**
단수와 복수가 같은 명사		sheep → **sheep**, fish → **fish**

＊짝을 이루는 명사는 항상 복수형: pants, shoes, glasses 등

2 셀 수 없는 명사

● 셀 수 없는 명사는 일정한 모양이 없거나 추상적이거나 사람·사물 등의 고유한 이름을 나타낸다.
　　　　　　　　milk, rice, butter 등　　time, health 등　　Peter, Seoul 등

Health is important.　　　　　　　　　건강은 중요하다.
셀 수 없는 명사는 단수 취급

● 셀 수 없는 명사의 수나 양을 셀 때는 a(n)이나 복수형을 쓸 수 없고, 단위나 용기를 사용해서 센다.
　　앞서 나오거나 특정한 명사를 가리킬 때
The girls drank **three cups of** **juice**.　　　그 소녀들은 주스 세 컵을 마셨다.
　　　　　　　　단위/용기　　　명사

■ **셀 수 없는 명사의 수량 표현**

a cup of tea, **a glass of** water, **a bottle of** juice, **a bowl of** rice[soup], **a loaf of** bread,
a bag of flour, **a piece of** paper[cake/pizza/cheese/bread], **a slice of** pizza[cheese/bread]

＊짝을 이루는 명사는 pair로 수량 표시: **a pair of** glasses, **two pairs of** shoes

1 우리말로 '~들'이라고 표현되어 있지 않아도 문맥상 복수이면 명사를 복수형으로 써야 한다.
부엌에 쥐 두 마리가 있다. → There ~~is two mouse~~ (→ are two mice) in the kitchen.

2 셀 수 없는 명사의 복수 수량을 표현하고 싶을 때는, 단위·용기만을 복수형으로 쓴다.
I ordered ~~two cup of waters~~ (→ two cups of water).

A

단어
배열하기

1 한 소녀가 신발 세 켤레를 샀다. (pairs of, bought, a, three, girl, shoes)

2 우리는 포크들과 숟가락들을 원한다. (forks, want, we, spoons, and)

3 그 어린이들은 간식을 먹고 있다. (eating, are, the children, snacks)

4 Dylan은 설탕이 든 차 한 컵을 마셨다. (tea, Dylan, with sugar, a cup of, drank)

5 그 여성분들은 우유 네 잔을 주문했다. (ordered, milk, the ladies, glasses of, four)

B

빈칸
채우기

1 시간은 금이다. (time)

_____ gold.

2 나는 벽 위에 그 사진들을 붙일 것이다. (photo, put)

I will _____ on the wall.

3 Brenda는 케이크 두 조각을 먹었다. (piece, cake)

Brenda ate _____ .

4 너는 버터와 칼 한 자루가 필요하다. (butter, knife)

You need _____ .

5 나뭇잎들이 땅으로 떨어지고 있다. (fall, leaf)

_____ to the ground.

6 남자 두 명과 여자 세 명이 앉아 있다. (man, woman)

Two _____ and _____ sitting.

1 나는 남자 친구에게 장갑 한 켤레를 사주었다. (pair, buy, glove)

for my boyfriend.

2 양 일곱 마리가 목장에 살고 있다. (live, sheep)

on the farm.

3 Jane은 도시락에 빵 두 덩이와 사과 한 개를 넣었다. (bread, loaf)

Jane put in the lunch box.

4 그 사무실은 상자들로 가득하다. (box, full of, the office)

5 너는 너의 발들을 씻어야 한다. (wash, should, foot)

D

**틀린 부분
고쳐 쓰기**

1 그 선반들은 50 달러가 들 것이다.

The shelfs will cost 50 dollars.

→

2 William은 그의 바지를 빨았다.

William washed his pant.

→

3 현미는 건강에 좋다.

Brown rices are good for a health.

→

4 나는 저녁으로 피자 세 조각을 먹었다.

I ate three piece of pizzas for dinner.

→

5 아이 두 명이 놀이터에 있다.

Two childs is in the playground.

→

서술형으로 STEP UP

빈출 유형 그림 보고 영작하기

예제 다음 그림을 보고, 빈칸에 알맞은 말을 쓰시오.

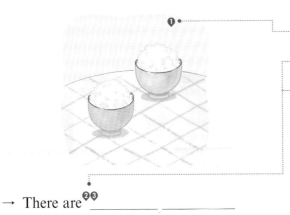

★ 서술형 문제 풀이 과정

❶ 셀 수 없는 명사 rice의 수량 표현을 쓰는 문제

❷ 밥을 담는 용기인 bowl로 수량 표현하기

❸ 복수형을 알맞은 곳에만 썼는지 확인하기

→ There are ❷❸ _____ _____

_____ _____ on the table.

(TIP) 셀 수 없는 명사는 단위·용기를 나타내는 명사로 수량을 표현하자!

---

1 다음 그림을 보고, 빈칸에 알맞은 말을 쓰시오.

→ The woman ordered _____

_____ _____ orange juice

and _____ _____.

2 다음 그림을 보고, 〈보기〉에 주어진 말을 활용하여 빈칸에 알맞은 말을 쓰시오.

보기
slice   cup   bag

→ I need _____ _____

_____ flour, _____

_____ _____ milk,

_____ _____, and

_____ _____ _____

cheese.

1 인칭대명사

◑ 사람이나 사물의 이름을 대신하는 말인 인칭대명사는 문장에서 하는 역할과 인칭에 따라 다르게 쓴다.

I like Mr. Fulton. **He** is **my** math teacher.
주격　　　　　　　　주격　　소유격

나는 Fulton 선생님을 좋아한다.
그는 나의 수학 선생님이다.

Is this **her** pen? – No, it is **mine**.
　　　소유격　　　　　　　　　소유대명사

이것이 그녀의 펜이니?
– 아니, 그것은 내 것이야.

I will return the books. Give **them** to **me**.
주격　　　　　　　　　　　　목적격　　목적격

내가 그 책들을 반납할게. 그것들을
나에게 줘.

■ **인칭대명사와 격변화**

수	인칭	주격 (~은/이)	소유격 (~의)	목적격 (~을/에게)	소유대명사 (~의 것)
단수	1인칭	I	my	me	mine
	2인칭	you	your	you	yours
	3인칭	he	his	him	his
		she	her	her	hers
		it	its	it	-
복수	1인칭	we	our	us	ours
	2인칭	you	your	you	yours
	3인칭	they	their	them	theirs

> ◀ **주의!**
>
> **주격**: 주어 자리
> **소유격**: 명사 앞 자리
> **목적격**: 목적어 자리, 전치사의
> 목적어 자리
> **소유대명사**: 〈소유격+명사〉로
> 주어, 보어, 목적어 자리

2 재귀대명사

┌ myself, yourself, himself/herself/itself, ourselves, yourselves, themselves

◑ 〈인칭대명사의 소유격[목적격]+-self[-selves]〉 형태의 재귀대명사는 '~ 자신'이라는 의미로, 주어와 목적어가
같은 대상을 가리킬 때, 목적어 자리에 쓴다.

I introduced **myself** to the class.
주어　　동사　　목적어
└----------- = -----------┘

나는 학급에 나 자신을 소개했다.

The old woman talked **to** **herself**.
주어　　　　　동사　　전치사의 목적어
　　└----------- = -----------┘

그 노부인은 그녀 자신에게 말했다.

재귀대명사는 주어와 목적어가 같은 대상을 가리킬 때만 사용한다.
He protects **himself**. (그가 보호하는 것 = 그 자신)
He protects **him**. (그가 보호하는 것 = 다른 남자)

>> Answer p.08

A
단어
배열하기

1 우리는 이번 주말에 너의 집에 갈 것이다. (we, go to, will, your house)

_____ this weekend.

2 그 빨간 책들은 나의 것이다. (are, red, mine, books, the)

3 그들은 자신들의 사진을 찍었다. (took, pictures of, they, themselves)

4 그의 학생증은 나의 책상 위에 있다. (is, desk, his, on, my, student ID)

5 Emily는 그들에게 그녀 자신을 소개했다. (to them, Emily, herself, introduced)

6 그녀는 나의 여동생이다. (my, is, younger sister, she)

B
빈칸
채우기

1 태호는 본인이 자랑스러웠다. (proud of)

Taeho was _____ .

2 나의 음악 선생님이 우리에게 초콜릿을 주셨다. (give, music teacher)

_____ chocolates.

3 그 아이들은 그들의 장난감들을 바구니에 넣었다. (toy, put)

The children _____ in the basket.

4 우리는 James에게 우리의 차를 팔았다. (car, sell)

_____ to James.

5 너는 너 자신을 사랑해야 한다. (should, love)

_____ .

1 나는 그 파티에 그를 초대했다. (invite)

_____ to the party.

2 지나는 거울 속 그녀 자신을 보았다. (see)

Jina _____ in the mirror.

3 너는 책을 그것의 표지로 판단해서는 안 된다. (by, cover)

You shouldn't judge a book _____ .

4 그 학생들은 그들의 숙제를 했다. (homework, do)

_____

5 그 가방은 너의 것이 아니다. 그것은 나의 것이다. (bag)

_____

1 그들은 너의 친구들이니?

Are them your friends?

→ _____

2 그녀는 그녀의 일기장을 찾고 있다.

She is looking for hers diary.

→ _____

3 나는 나 자신을 용서할 수 없다.

I cannot forgive meself.

→ _____

4 그는 그의 바이올린을 연습하고 있었다.

He was practicing him violin.

→ _____

5 우리는 그들에게 "그 땅은 우리의 것입니다."라고 말했다.

We told their, "The land is our."

→ _____

서술형으로 STEP UP

빈출 유형 빈칸 영작하기

예제 다음 글을 읽고, 빈칸에 알맞은 대명사를 쓰시오.

I have **❶** two cats. **❷**____(1)____ names are
Luna and Momo. My mom found
❸____(2)____ in the parking lot. **❹**____(3)____
are cute and lovely.

(1) _____   (2) _____

(3) _____

★ 서술형 문제 풀이 과정

❶ 빈칸 앞에 언급된 명사를 확인하고 그에 맞는 인칭 대명사 쓰기

❷ 문맥상 two cats를 대신하며, 명사 앞에 오므로 소유격

❸ 목적어 자리이므로 목적격

❹ 주어 자리이므로 주격

(TIP) 빈칸이 가리키는 명사를 확인한 뒤, 인칭과 수, 문장에서의 역할에 알맞은 인칭대명사를 골라 쓰자!

[1~2] 다음 글을 읽고, 빈칸에 알맞은 대명사를 쓰시오.

1

I have a sister. _____ sister is
good at math. _____ won a math
contest, so I was very proud of
_____. My sister and I do many
things together. _____ are best
friends!

2

I have a hedgehog. _____ name is
Ddochi. It has many spines. _____
are very sharp. Ddochi can protect
_____ by rolling up the body.

*hedgehog: 고슴도치   **spine 가시

[3~5] 다음 대화를 읽고, 빈칸에 알맞은 대명사를 쓰시오. (빈칸에 한 단어씩 쓸 것)

3

A Jisu, you look happy.

B I got _____ test score today.
I got 100 points!

4

A Oh, no! I lost my pencil. Can I
borrow _____ pencil?

B Of course. You can use _____.

5

A Did you meet your new teacher?

B Yes. _____ name is James.

A How is he?

B _____ is very nice.
I like _____ very much!

1 지시대명사 this, that

◗ this와 that은 사람이나 사물을 가리키는 대명사이다. 가까운 대상은 this('이것'), 먼 대상은 that('저것')을 쓴다.

This is my painting. 이것은 나의 그림이다.

These are my paintings. 이것들은 나의 그림들이다.
└ this의 복수형은 these, that의 복수형은 those

cf. 지시대명사는 명사 앞에서 형용사처럼 쓸 수도 있는데, 이를 지시형용사라 한다.
I bought **these** *books* yesterday.

2 대명사 it

◗ '그것'이라는 의미로, 앞서 나온 특정한 명사를 가리킬 때 it을 쓴다.

I have a pet hamster. **It** is so cute. 나는 애완 햄스터가 있다. 그것은 매우 귀엽다.

◗ 시간, 날짜, 요일, 날씨, 계절, 거리, 명암 등을 나타낼 때 비인칭주어 it을 쓴다. 이때는 '그것'이라는 뜻이 없다.

It is 11 o'clock. 11시이다.

3 one, another, the other

◗ 앞서 나온 명사와 같은 종류이지만 불특정한 것을 표현할 때는 one을 쓴다. 복수형은 ones이다.

I can't find my umbrella. Do you have **one**? 나는 내 우산을 찾을 수 없어. 너는 하나 가지고 있니?
= an umbrella

◗ '(둘 중) 하나는 ~, 나머지 하나는 …': 〈one ~, the other …〉

I have two cousins. **One** is Robin.
The other is Lincoln.

나는 두 명의 사촌이 있다. 한 명은 Robin이고, 나머지 한 명은 Lincoln이다.

◗ '(셋 중) 하나는 ~, 다른 하나는 …, 나머지 하나는 ~': 〈one ~, another …, the other ~〉

There are three bags. **One** is red.
Another is green. **The other** is blue.

세 개의 가방이 있다. 하나는 빨간색이다. 다른 하나는 초록색이다. 나머지 하나는 파란색이다.

출제
포인트
같은 종류의 불특정한 사람·사물을 가리킬 때는 **one**을, 특정한 사물을 가리킬 때는 **it**을 쓴다.
A Do you have *a nickname*? – **B** Yes, I have **one**.
A Where is *my cup*? – **B It** is on the cupboard.

문장으로 CHECK UP

>> Answer p.08

A
단어
배열하기

1 이것들은 그들의 신발이다. (are, their, these, shoes)

2 이것이 그 선수의 야구공이다. (baseball, this, the player's, is)

3 나의 아이들은 저 초콜릿들을 원한다. (those, want, children, chocolates, my)

4 오전 8시다. (8 o'clock, is, it, in the morning)

5 세 명의 소년이 있다. 한 명은 읽고 있다. 다른 한 명은 먹고 있다. 나머지 한 명은 자고 있다.
(is, another, sleeping, reading, eating, is, the other, one, is)

There are three boys.

B
빈칸
채우기

1 이것은 슬픈 영화이다. (sad)

movie.

2 오늘은 춥다. (cold)

today.

3 나는 지우개를 샀다. 그것은 유용하다. (useful)

I bought an eraser.   .

4 저는 저 스웨터가 마음에 들어요. 빨간 것이 있나요? (sweater)

I like   . Do you have a   ?

5 나의 엄마께서 이것들을 만드셨다. (make)

.

6 나는 두 개의 펜이 있다. 하나는 검은색이다. 다른 하나는 파란색이다. (blue)

I have two pens. One is black.   .

1 이곳은 어둡다. (dark)

here.

2 저것들은 그의 반지들이다. (ring)

3 이것은 내가 가장 좋아하는 곡이다. (song, favorite)

4 나는 머리 끈을 좀 살 거야. 너는 하나 원하니? (want)

I'll buy some hair ties.

5 나는 두 명의 여자를 만났다. 한 명은 키가 작다. 다른 한 명은 키가 크다. (short, tall)

I met two women.

D

**틀린 부분
고쳐 쓰기**

1 오늘은 수요일이다.

This is Wednesday today.

→

2 Rachel은 어제 이 공책을 샀다. 그것은 비쌌다.

Rachel bought these notebook yesterday. One was expensive.

→

3 두 소녀가 이야기하고 있다. 한 명은 미소 짓고 있다. 다른 한 명은 웃고 있다.

Two girls are talking. One is smiling. Another is laughing.

→

4 세 개의 식당이 있다. 하나는 이탈리아식이다. 다른 하나는 프랑스식이다. 나머지는 한국식이다.

There are three restaurants. One is Italian. Other is French. The others is Korean.

→

5 너는 저 꽃들을 만지면 안 된다.

You should not touch that flowers.

→

빈출
유형 보기에서 골라 쓰기

예제 다음 대화를 읽고, 빈칸에 알맞은 말을 〈보기〉에서 골라 쓰시오.

┌ 보기 ┐
one, ones, another, the other, others

A Dad, I bought two loaves of bread on my way home.
B Great. What did you buy?
A ____(1)____ is baguette. ____(2)____ is cornbread.
B They look delicious. I'll bring some milk.

(1) _____

(2) _____

(TIP) 여러 가지 대명사의 의미와 쓰임을 숙지해둔다!

┌ ★ 서술형 문제 풀이 과정 ┐
❶ 빵은 두 개

❷ '(둘 중) 하나는 ~, 나머지 하나는 …'
: 〈one ~, the other …〉

---

1 빈칸에 알맞은 말을 〈보기〉에서 골라 쓰시오.

┌ 보기 ┐
ones, another, the other, others, it

(1) There are many pants! I like the yellow
_____.

(2) She has two shirts. One is white.
_____ is black.

(3) This camera looks good. How much is
_____?

2 다음 글을 읽고, 빈칸에 알맞은 말을 〈보기〉에서 골라 쓰시오.

┌ 보기 ┐
one, ones, another, the other, others,
the others

Ronald bought three bottles of apple juice. He gave _____ to his sister. He gave _____ to his brother. He drank _____.

01 밑줄 친 우리말과 일치하도록 괄호 안에 주어진 말을 바르게 배열하시오.

> **A** Hello, how can I help you?
> **B** Hi. <u>저는 차 두 잔과 수프 한 그릇을 원해요.</u> (soup, of, and, cups, a, tea, two, of, bowl)

→ I want _____

_____ .

02 어법상 틀린 곳을 찾아 바르게 고쳐 쓰시오.

> There are three fishes, two horses, and five mice.

_____ → _____

03 우리말과 일치하도록 괄호 안에 주어진 말을 활용하여 문장을 완성하시오.

(1) 그녀는 감자 다섯 개를 샀다. (potato)

→ She bought _____ .

(2) 인생은 여행이다. (life)

→ _____ a journey.

(3) 나는 그 동물원에서 늑대 세 마리를 보았다. (wolf)

→ I saw _____ at the zoo.

[04~05] 다음 글을 읽고, 빈칸에 알맞은 대명사를 쓰시오.

04

> James got second place in the dance contest. He feels very happy. He is proud of _____. He wants to become a great dancer.

05

> I found two cafés. _____ was crowded. _____ _____ had empty tables.

06 다음 대화를 읽고, 어법상 틀린 곳 2개를 찾아 바르게 고쳐 쓰시오.

> (*at a flower shop*)
> **A** Mom, it will be Teacher's Day soon.
> **B** Oh, are you going to buy flowers for Mr. Kim?
> **A** Yes. I'm going to buy white lilys. They are hers favorite flowers.
> **B** That's a great idea.

(1) _____ → _____

(2) _____ → _____

07 다음 글을 읽고, 빈칸에 알맞은 대명사를 순서대로 쓰시오.

Today was my dad's birthday. I bought a surprise gift. He loved ___(1)___ . Mom made a melon cake for ___(2)___ . It is his favorite dessert. ___(3)___ had a great time together.

(1) _____ (2) _____

(3) _____

08 다음 유진이와 희란이의 오늘 아침 식단표를 보고, 표의 내용과 일치하도록 문장을 완성하시오.

이름	아침 식사
유진	우유 한 컵, 바나나 한 개, 토마토 두 개
희란	오렌지 한 개, 치즈 세 조각

(1) Yujin had _____,

_____, and _____

for breakfast.

(2) Heeran ate _____ and

_____ for breakfast.

09 다음 그림을 보고, 질문에 알맞은 대답을 쓰시오.

Q What time is it?
A _____

10 주어진 문장을 다음 〈보기〉와 같이 복수형으로 바꿔 쓰시오.

┌ 보기 ┌
A pineapple is in the basket.
→ Pineapples are in the basket.

(1) That box is heavy.

→ _____

(2) This photo looks interesting.

→ _____

11 밑줄 친 우리말을 〈조건〉에 맞게 영작하시오.

Three boys are playing basketball. One is wearing a blue shirt. 다른 한 명은 검정색 셔츠를 입고 있다. The other is wearing a red shirt.

┌ 조건 ┌
• 6단어의 완전한 문장으로 쓸 것

→ _____

12 Mary가 자신을 소개한 글을 내가 Mary를 소개하는 글로 바꿀 때, 빈칸에 알맞은 대명사를 쓰시오.

My name: Mary
I live in the USA. My hobby is playing computer games. These game CDs are mine.

↓

My friend Mary
(1) _____ lives in the USA. (2) _____ hobby is playing computer games. These game CDs are (3) _____.

FINISH

08

CHAPTER
05

형용사, 부사, 비교

1 형용사의 쓰임

◗ 형용사는 명사나 대명사를 수식하거나 설명할 때 쓴다.

He is a handsome actor. 명사 수식

그는 잘생긴 배우이다.

The actor is handsome. 주어 설명(주격보어)

그 배우는 잘생겼다.

cf. -thing, -body, -one으로 끝나는 대명사를 수식할 때는 형용사를 뒤에 쓴다.
I met **someone kind**.

2 수와 양을 나타내는 형용사

◗ many, (a) few는 셀 수 있는 명사 앞에 써서 수를 나타낸다.

There are many bananas in the basket.

바구니 안에 많은 바나나가 있다.

◗ much, (a) little은 셀 수 없는 명사 앞에 써서 양을 나타낸다.

We have little time to rest.

few와 little에는 부정의 의미가 포함되어 있으므로
부정어와 함께 쓰지 않음

우리는 쉴 시간이 거의 없다.

◗ a lot of, lots of, some, any는 셀 수 있는 명사와 셀 수 없는 명사 앞에 모두 쓸 수 있다.

I need some tomatoes for this recipe.

some은 주로 긍정문과 권유문,
any는 주로 부정문과 의문문에 씀

나는 이 조리법을 위해 약간의 토마토가
필요하다.

He doesn't want any sugar in his tea.

그는 그의 차에 약간의 설탕도 원치 않는다.

■ **수와 양을 나타내는 형용사의 종류**

많은	약간 있는	거의 없는	뒤에 오는 명사의 형태
many	a few	few	+ 셀 수 있는 명사의 복수형
much	a little	little	+ 셀 수 없는 명사
a lot of/lots of	some/any		+ 셀 수 있는 명사의 복수형 + 셀 수 없는 명사

출제 포인트

a lot of, lots of, some, any는 뒤에 셀 수 있는 명사가 오면 복수 취급하고, 셀 수 없는 명사가 오면 단수 취급한다.

Some *children were* shouting in the playground.
There *is* a lot of *snow* in Hokkaido.

A
단어
배열하기

1 몇몇 버스들은 느리다. (slow, buses, are, some)

2 그 새로운 학생은 친구가 거의 없다. (student, few, the, friends, new, has)

3 나는 많은 스웨터들을 가지고 있지 않다. (don't, have, I, sweaters, many)

4 그녀는 중요한 사람이다. (is, important, someone, she)

5 프랑스 음식은 맛있다. (delicious, food, is, French)

B
빈칸
채우기

1 나는 학교에서 특별한 무언가를 만들었다. (make, special, something)

at school.

2 우리는 아무 질문도 없습니다. (questions, have)

We   .

3 많은 아이들이 길을 건너고 있다. (child)

crossing the street.

4 이 피자에는 많은 치즈가 없다. (be, cheese)

There   on this pizza.

5 몇 개의 별들이 하늘에서 빛나고 있다. (star)

shining in the sky.

6 서둘러! 우리는 시간이 거의 없어! (have, time)

Hurry up!   !

C

**문장
완성하기**

1 그의 회사에는 게으른 직원들이 거의 없다. (worker)

_____ in his company are lazy.

2 그 똑똑한 소년은 멋진 미소를 가지고 있다. (nice, smart, smile)

The _____ has a _____ .

3 나는 나의 개와 약간의 시간을 보냈다. (time, spend)

_____ with my dog.

4 나의 예쁜 가방 안에 많은 책들이 있다. (bag, pretty, book)

There _____ in my _____ .

5 몇몇 학생들은 그의 수업을 좋아한다. (class, like)

_____

D

**틀린 부분
고쳐 쓰기**

1 많은 사람들이 여름에 수상 스포츠를 즐긴다.

Many people enjoys water sports in summer.

→ _____

2 나는 분주한 길 위에서 유명한 사람을 봤다.

I saw famous somebody on a street busy.

→ _____

3 그 커다란 고래가 파란 바다에서 수영하고 있다.

The whale big is swimming in the blue sea.

→ _____

4 그 탁자 위에 몇 자루의 펜이 있다.

There is a few pen on the table.

→ _____

5 이 직업은 경험을 거의 필요로 하지 않는다.

This job doesn't need little experience.

→ _____

서술형으로 **STEP UP**

빈출
유형 **틀린 곳 찾아 고쳐 쓰기**

예제 우리말을 영어로 바꿔 쓸 때, 틀린 곳을 찾아 문장을
다시 쓰시오.

> 나는 내 토스트 위에 ❶약간의 치즈를 얹었다.
> I put ❷❸few cheese on my toast.

→ _____

(TIP) 어법상뿐만 아니라 문맥상 적절한지도 확인하자!

★ 서술형 문제 풀이 과정

❶ '약간의': a few, a little, some, any

❷ 셀 수 없는 명사(cheese) 앞에는 (a) few가 올 수
없음

❸ 긍정문의 셀 수 없는 명사 앞에는 a little 또는
some이 올 수 있음

---

1 우리말을 영어로 바꿔 쓸 때, 틀린 곳을 찾아 문장을
다시 쓰시오.

(1)
> 나는 많은 잎들을 치웠다.
> I cleaned up much leaf.

→ _____

(2)
> 그는 종이를 거의 사용하지 않았다.
> He used a little paper.

→ _____

2 다음 중 어법상 틀린 문장을 찾아 번호와 함께 다시
쓰시오.

> (1) The idea is simply.
> (2) I want something sweet.
> (3) There aren't many towels on the
> shelf.

_____ : _____

3 다음 대화를 읽고, 어법상 틀린 곳을 찾아 바르게 고
쳐 쓰시오.

> **A** Mom, I want to buy a shirt, but I
> have little money.
> **B** I gave you a lot of money yesterday.
> **A** I bought some gift for my friends.

_____ → _____

4 다음 글을 읽고, 밑줄 친 부분 중 어법상 틀린 곳 2
개를 찾아 바르게 고쳐 쓰시오.

> My friend Sally invited me to her
> party. She was a girl popular. A lot
> of her friends came to her home. Few
> friend was from my class. But we spent
> lots of time together. We had some
> snacks. Everyone looked happy.

(1) _____ → _____

(2) _____ → _____

1 부사의 쓰임

◑ 부사는 동사, 형용사, 다른 부사 또는 문장 전체를 수식할 때 쓴다. 위치가 비교적 자유롭다.

The train stopped slowly. 동사 수식 　　　그 기차는 천천히 멈췄다.

This car is perfectly safe. 형용사 수식 　　　이 차는 완전히 안전하다.

Jaehwan found the clue very easily. 부사 수식 　　　재환이는 그 단서를 매우 쉽게 찾았다.

Luckily, the bus arrived before it rained. 문장 수식 　　　다행히, 비가 오기 전에 버스가 도착했다.

■ 부사의 형태

대부분의 부사	형용사+-ly	new – newly, sure – surely, beautiful – beautifully
-y로 끝나는 형용사	y를 i로 고치고+-ly	easy – easily, heavy – heavily, happy – happily
형용사와 형태가 같은 부사		high(높은 – 높게), fast(빠른 – 빠르게), early(이른 – 일찍), late(늦은 – 늦게), hard(열심인 – 열심히), near(가까운 – 가까이)
〈부사+-ly〉가 원래 부사와 뜻이 달라지는 경우		high(높게) – highly(매우), late(늦게) – lately(최근에), hard(열심히) – hardly(거의 ~않다), near(가까이) – nearly(거의)

*-ly로 끝나지만 형용사인 경우: friendly(친절한), lovely(사랑스러운), curly(곱슬머리의) 등

2 빈도부사

◑ 빈도부사는 어떤 일이 얼마나 자주 일어나는지 표현할 때 쓴다. 주로 일반동사 앞, be동사와 조동사 뒤에 위치한다.

Claire never watches horror movies. 일반동사 앞 　　　Claire는 공포 영화를 절대 보지 않는다.

Daniel is usually at the office. be동사 뒤 　　　Daniel은 보통 사무실에 있다.

I will always be by your side. 조동사 뒤 　　　나는 항상 너의 곁에 있을 거야.

0% 　　　　　　　　　　　　　　　　　　　　　　　　　　　　　　100%

never	seldom, rarely	sometimes	often	usually	always
절대 ~않다	거의 ~않다	가끔	자주	대개, 보통	항상

출제 포인트

1 부사는 보어 자리에 쓸 수 없다.
These flowers smell well (→ good).

2 혼동하기 쉬운 형용사와 부사를 기억해둔다.
Emily had a **late** breakfast. (Emily는 늦은 아침을 먹었다.)
Emily is studying for the exam **lately**. (Emily는 최근에 시험공부 중이다.)

A

단어
배열하기

1 나는 종종 재즈 음악을 듣는다. (jazz music, often, I, listen to)

2 Angela는 사랑스러운 드레스를 입고 있었다. (dress, Angela, a, wearing, lovely, was)

3 이 컴퓨터는 항상 정말로 느리다. (is, this computer, really, always, slow)

4 그 작은 거북이는 물속에서 빠르게 수영한다. (the little, quickly, turtle, in water, swims)

5 Jason은 그 도서관에서 열심히 일했다. (at the library, worked, hard, Jason)

6 우리 엄마는 보통 매우 일찍 일어나신다. (very, wakes up, early, my mom, usually)

B

빈칸
채우기

1 나는 감기에 거의 걸리지 않는다. (catch, rarely)

　　　　　　　　　　　　　　　　　　　　　　　colds.

2 그의 답은 자주 틀린다. (often, wrong)

His answer 　　　　　　　　　　　　　　　　.

3 그 가격은 나에게는 너무 높다. (high, too)

The price 　　　　　　　　　　　　　　for me.

4 그 4시 기차는 절대로 늦게 오지 않는다. (come, late)

The 4 o'clock train 　　　　　　　　　　　.

5 그 친절한 소년은 매우 조심스럽게 말했다. (very, friend, careful)

　　　　　　　　　　　spoke 　　　　　　　.

1 당신은 가끔 별똥별들을 볼 수 있다. (see, can)

You _____ shooting stars.

2 나는 그 무거운 책들을 빠르게 옮겼다. (heavy, fast)

I moved the _____ .

3 그들은 항상 나에게 생일 선물을 준다. (give, a birthday gift)

_____ to me.

4 그 큰 개는 매우 조용하게 앉아 있다. (quiet, large, very)

_____

5 그녀의 책상은 보통 깨끗하다. (clean, desk)

_____

1 그들은 그 일을 늦게 끝냈다.

They finished the work lately.

→ _____

2 302번 버스는 때때로 너무 시끄럽다.

Bus 302 is sometimes too loudly.

→ _____

3 나는 유제품을 절대로 먹지 않을 것이다.

I will rarely eat dairy products.

→ _____

4 나는 그 벽을 아름답게 칠했다.

I painted the wall beautiful.

→ _____

5 Donaldson 씨는 자주 어려운 질문들을 한다.

Ms. Donaldson asks difficult questions.

→ _____

서술형으로 STEP UP

빈출 유형 **표를 보고 영작하기**

예제 다음은 내가 일주일 동안 하는 일들의 빈도를 나타낸 표이다. 표를 보고, ❶always, usually, never를 각각 한 번씩만 사용하여 문장을 완성하시오.

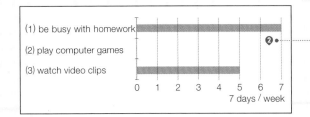

(1) be busy with homework
(2) play computer games
(3) watch video clips

0 1 2 3 4 5 6 7
7 days / week

★ 서술형 문제 풀이 과정

❶ 빈도부사를 쓰는 문제이므로, 표에서 활동 횟수를 확인

❷ (1)은 '항상' 하므로 always, (2)는 '전혀' 하지 않으므로 never, (3)은 '대개' 하므로 usually

❸ 동사가 be동사인지 일반동사인지에 따라 빈도부사 위치를 달리 쓰기

(1) I ❸_____.

(2) I _____.

(3) I _____.

TIP 동사의 종류에 따라 빈도부사의 위치가 달라짐에 유의하자!

---

1 다음은 우리 가족이 일상생활에서 하는 일의 빈도를 나타낸 표이다. 표를 보고, always, often, sometimes를 각각 한 번씩만 사용하여 문장을 완성하시오.

	하는 일	빈도
(1) Dad	prepare dinner	주 4~5회
(2) Mom	wash the dishes	매일
(3) me	be late for school	주 1~2회

(1) Dad _____.

(2) Mom _____.

(3) I _____.

2 다음은 Ted가 일상생활에서 하는 일의 빈도를 나타낸 표이다. 표를 보고, 빈도부사를 사용하여 문장을 완성하시오.

	always	usually	rarely
(1) be with his dog		○	
(2) eat junk food			○
(3) study with his friends	○		

(1) Ted _____.

(2) Ted _____.

(3) Ted _____.

1 원급 비교

● '…만큼 ~한/하게': ⟨as+형용사/부사의 원급+as⟩

형용사와 부사의 원래 형태

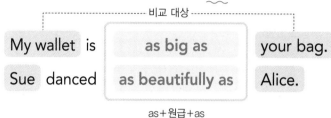

비교 대상

| My wallet is | **as big as** | your bag. | 나의 지갑은 너의 가방만큼 크다. |
| Sue danced | **as beautifully as** | Alice. | Sue는 Alice만큼 아름답게 춤을 췄다. |

as+원급+as

2 비교급 비교

● '…보다 더 ~한/하게': ⟨형용사/부사의 비교급+than⟩

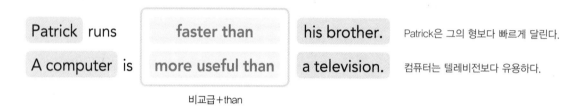

| Patrick runs | **faster than** | his brother. | Patrick은 그의 형보다 빠르게 달린다. |
| A computer is | **more useful than** | a television. | 컴퓨터는 텔레비전보다 유용하다. |

비교급+than

3 최상급 비교

● '… 중에서 가장 ~한/하게': ⟨the+형용사/부사의 최상급+of/in …⟩

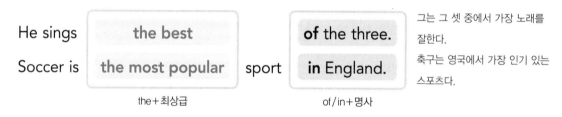

| He sings | **the best** | | **of** the three. | 그는 그 셋 중에서 가장 노래를 잘한다. |
| Soccer is | **the most popular** | sport | **in** England. | 축구는 영국에서 가장 인기 있는 스포츠다. |

the+최상급   of/in+명사

■ 비교급과 최상급 만드는 법

규칙 변화		원급	비교급	최상급
대부분의 경우	+ -er/-est	great	great**er**	great**est**
-e로 끝나는 경우	+ -r/-st	nice	nice**r**	nice**st**
⟨단모음+단자음⟩으로 끝나는 경우	자음 한 번 더 + -er/-est	big	big**ger**	big**gest**
⟨자음+-y⟩로 끝나는 경우	y → i+-er/-est	easy	eas**ier**	eas**iest**
3음절 이상인 경우 (일부 2음절 단어 포함)	more/most+원급	beautiful	**more** beautiful	**most** beautiful

*불규칙 변화: good/well – better – best   bad – worse – worst
little – less – least   many/much – more – most

출제
포인트

-er/-est를 붙여 비교급과 최상급을 만드는 경우 외에 다른 형태로 변하는 경우를 반드시 암기해 두도록 한다.
Your phone is ~~heavyer~~ (→ **heavier**) **than** mine.
My family is **the** ~~importantest~~ (→ **most important**) thing to me.

A

단어
배열하기

1 Ava는 Hailey만큼 느리게 걷는다. (as, Hailey, slowly, walks, as, Ava)

2 배구는 야구보다 재미있다. (exciting, baseball, is, volleyball, than, more)

3 Bryce는 우리 반에서 키가 가장 큰 소년이다. (in our class, Bryce, tallest, is, boy, the)

4 Jackson은 Lily보다 나이가 많다. (than, Jackson, older, Lily, is)

5 금요일은 일주일 중 가장 좋은 날이다. (day, is, the, of the week, Friday, best)

B

빈칸
채우기

1 나의 연이 가장 높이 날고 있다. (high)

My kite is flying   .

2 그녀는 Grace만큼 똑똑하다. (smart)

She is   .

3 Benjamin은 나보다 빨리 먹는다. (quickly, eat)

Benjamin   I.

4 그는 그의 아빠만큼 또박또박하게 말한다. (talk, clearly)

He   his dad.

5 저것은 그의 모든 영화들 중 가장 유명하다. (famous)

That is   of all his movies.

6 그녀의 새 전화기는 마우스보다 작다. (a mouse, small)

Her new phone is   .

C

문장
완성하기

1 나는 보라보다 많은 책을 가지고 있다. (many)

I have   Bora.

2 Gina는 우리 동네에서 가장 새것인 집에 산다. (new, house, live in)

                                                        in our town.

3 너는 코미디언만큼 웃기다. (funny, a comedian)

4 그는 세상에서 가장 인기 있는 노래를 썼다. (popular, write, the world)

5 피자는 닭고기 튀김보다 비쌌다. (fried chicken, expensive)

D

틀린 부분
고쳐 쓰기

1 오늘은 어제만큼 춥다.

Today is as colder as yesterday.

→

2 양쯔강은 아시아에서 가장 긴 강이다.

The Yangtze is the most long river in Asia.

→

3 나의 성적은 그의 성적보다 나쁘다.

My grades are as bad as his grades.

→

4 Riley는 그녀의 언니만큼 연기를 잘한다.

Her sister acts as well as Riley.

→

5 그 버스는 내 차보다 일찍 도착했다.

The bus arrived early than my car.

→

서술형으로 STEP UP

» Answer p.10

빈출 유형 그림 또는 도표 보고 영작하기

예제 다음 그림을 보고, 괄호 안에 주어진 말을 활용하여 ❶비교하는 문장을 완성하시오.

$1 $2 $3

(1)❷The banana is _____ the apple. (cheap)

(2) The pineapple is _____ ❸of the three fruits. (expensive)

TIP 원급과 비교급, 최상급의 형태를 바르게 쓰자!

★ 서술형 문제 풀이 과정

❶ 원급, 비교급, 최상급으로 사물의 가격을 비교하는 문제

❷ '바나나 가격 < 사과 가격'이므로 비교급 사용

❸ '… 중에서'가 나왔으므로 최상급 사용

---

1 다음은 도그쇼에 출전한 강아지들의 프로필이다. 괄호 안에 주어진 말을 원급, 비교급, 최상급 중 알맞은 형태로 바꿔 문장을 완성하시오.

	Marley	Bo	Ronnie
나이	3	5	4
몸무게	20kg	10kg	10kg
걸음걸이 평가	★★☆	★☆☆	★★★

(1) Marley is _____ Bo. (young)

(2) Bo is _____ Ronnie. (heavy)

(3) Ronnie walks _____ of the three dogs. (well)

2 다음은 각 가게가 판매한 마카롱의 수를 나타낸 표이다. 우리말과 일치하도록 빈칸에 알맞은 말을 쓰시오. (few와 many를 활용할 것)

Store A	Store B	Store C
30	50	100

(1) Store A sold _____ macarons _____ store C.
(A가게는 C가게보다 적은 마카롱을 판매했다.)

(2) Store B sold _____ _____ _____ store A.
(B가게는 A가게보다 많은 마카롱을 판매했다.)

(3) Store C sold _____ _____ _____ of the three.
(C가게는 셋 중에서 가장 많은 마카롱을 판매했다.)

01 빈칸에 알맞은 말을 〈보기〉에서 골라 쓰시오.

┌ 보기 ┐
few   little   many   a lot of
└──────────────────────────────┘

(1) I have _____ sugar. I don't have
to buy more sugar.

(2) Did you take some books from the desk?
_____ books are on the desk.

(3) I'll buy some milk. There is _____
milk in the refrigerator.

02 다음 표를 보고, 괄호 안에 주어진 말을 활용하여 비교하는 문장을 완성하시오.

	Height	Weight
Blair	160cm	53kg
Molly	158cm	50kg
Janet	165cm	55kg

(1) Blair is _____ Molly. (tall)

(2) Molly is _____ Janet. (light)

(3) Janet is _____ of the three.
(heavy)

03 다음 대화를 읽고, 괄호 안에 주어진 말을 사용하여 비교하는 문장을 완성하시오.

Mike   When do you get up?
Olivia I get up at 7 a.m. How about
you?
Mike   Me too. I get up at 7 a.m.

→ Mike gets up _____ Olivia.
(early)

04 easy를 활용하여 빈칸에 알맞은 말을 쓰시오.

• The English test was _____.
• I solved the problems _____.

05 다음 글을 읽고, 빈칸에 알맞은 말을 〈보기〉에서 골라 쓰시오. (한 번씩만 사용할 것)

┌ 보기 ┐
lots of   the happiest   more famous
└──────────────────────────────┘

Quokkas live in Australia. They are
(1) _____ animals in the
world. They are always smiling. They
became (2) _____ lately.
(3) _____ people take pictures
with them.

＊quokka 쿼카 (호주에 사는 캥거루과 소형 동물)

06 질문에 알맞은 자신만의 대답을 〈조건〉에 맞게 쓰시오.

┌ 조건 ┐
• 비교급으로 쓸 것
• 6단어의 완전한 문장으로 완성할 것
└──────────────────────────────┘

A Which one is more delicious, pasta
or curry?
B _____

07 다음은 엄마가 일주일 동안 하는 일을 나타낸 표이다. 표를 보고, always, usually, never를 각각 한 번씩만 사용하여 문장을 완성하시오.

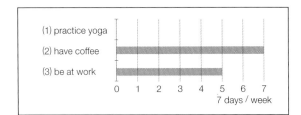

(1) She _____.

(2) She _____.

(3) She _____.

08 우리말과 일치하도록 괄호 안에 주어진 말을 활용하여 영작하시오.

(1) 그는 즐겁게 노래하는 중이다. (sing, merry)

→ He _____.

(2) 나는 곱슬곱슬한 머리카락을 가지고 있다.
(curl, have)

→ _____

(3) 그녀는 무례한 것을 말하지 않았다. (rude, say, anything)

→ _____

09 지도 속 도로의 거리를 나타낸 다음 표를 보고, 괄호 안에 주어진 말을 바르게 배열하시오.

	Road A	Road B	Road C
거리	200km	350km	250km

(road, on the map, longest, is, the)

→ Road B _____

_____.

10 다음 대화를 읽고, 밑줄 친 부분 중 어법상 틀린 곳 2개를 찾아 번호와 함께 바르게 고쳐 쓰시오.

A A few (1) boy is jogging over there. They look strong. Do you also like jogging?

B Yes. (2) I always go jogging in the morning.

A Where do you go jogging?

B (3) I usually go to the park. Do you exercise, too?

A Of course. I (4) exercise hardly every day.

_____ : _____

_____ : _____

11 다음 그림을 보고, 〈조건〉에 맞게 문장을 완성하시오.

sun   earth   moon

┌─ 조건 ─────────────────────┐
• 괄호 안에 주어진 말을 활용할 것
• 각각 3단어를 추가하여 문장을 완성할 것
• 현재시제를 사용할 것
└──────────────────────────┘

(1) The sun _____ of the three. (big)

(2) The earth _____ the moon. (big)

(3) The moon _____ the earth. (small)

01 다음 빈칸에 알맞은 말을 A, B에서 하나씩 골라 쓰시오. (한 번씩만 사용할 것)

A	few	many	much
B	salt	spoons	boxes

(1) Ethan doesn't want _____ _____ in his soup.

(2) I will move to a new house, so I need _____ _____.

02 괄호 안에 주어진 말을 활용하여 대화를 완성하시오.

(1)
A How far is it from here to the lake?
B _____ from here to the lake. (two kilometers)

(2)
A Is your cat sick?
B I think so. It doesn't eat any food. It _____. (sleep, keep)

03 다음 글을 읽고, 빈칸에 알맞은 인칭대명사를 쓰시오.

I have a best friend. (1) _____ name is Karl. (2) _____ lives in Jejudo. (3) _____ birthday is November 5th. He is very kind. I like (4) _____ very much.

04 빈칸에 알맞은 말을 〈보기〉에서 골라 쓰시오.

보기

one	ones	it	its

(1) My bag is old. I want a new _____.

(2) Look at the donkey! _____ legs are short.

(3) Jim bought a new car. He showed _____ to his friends.

(4) She lost her shoes. She needs to buy new _____.

05 다음 그림을 보고, 괄호 안에 주어진 말을 활용하여 빈칸에 알맞은 말을 쓰시오.

W Can I have (1) _____ _____ _____ _____ for dessert? (cake, piece)
M Sure. Would you like anything to drink?
W I want (2) _____ _____ _____ _____, please. (coffee, cup)

06 밑줄 친 우리말과 일치하도록 빈칸에 알맞은 말을 쓰시오.

> I have two water bottles.
> 하나는 유리이고, 다른 하나는 플라스틱이다.

→ _____ is glass, and _____

_____ is plastic.

07 주어진 문장을 다음 〈보기〉와 같이 복수형으로 바꿔 쓰시오.

□ 보기 □
It is a cat. → They are cats.

(1) This dish is light.

→ _____

(2) That knife looks dangerous.

→ _____

08 다음 표를 보고, 괄호 안에 주어진 말을 활용하여 비교하는 문장을 완성하시오.

	Price	Taste
Veggie Burger	$6	★★
Chicken Burger	$7	★★★★★
Bacon Burger	$8	★★★★★

(1) The veggie burger is _____ burger of the three. (cheap)

(2) The chicken burger is _____ the bacon burger. (delicious)

(3) The bacon burger is _____ the veggie burger. (expensive)

09 다음은 Paul이 여가 시간에 하는 일을 나타낸 그래프이다. 표와 〈보기〉에 나온 말을 활용하여 문장을 완성하시오.

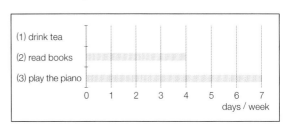

□ 보기 □
always   never   often

(1) Paul _____.

(2) Paul _____.

(3) Paul _____.

10 다음 대화를 읽고, 질문에 알맞은 대답을 쓰시오.

> **A** Where are you going, Seho?
> **B** I'm going to the grocery store. I'm going to buy apples.
> **A** Why do you need apples?
> **B** My mom is going to bake an apple pie. I can't wait to eat it!

(1) **Q** Why is Seho going to the grocery store?

A He is going to the grocery store _____ _____ _____.

(2) **Q** What is Seho looking forward to?

A Seho is looking forward to _____ _____ _____ _____.

11 다음 그림을 보고, 괄호 안에 주어진 말을 활용하여 질문에 알맞은 대답을 쓰시오.

(1)   (2)

(1) **Q** What does the boy want to be in the future?

   A He wants _____.

   (a teacher)

(2) **Q** What is the girl good at?

   A She _____.

   (dance)

12 우리말과 일치하도록 빈칸에 알맞은 말을 〈보기〉에서 골라 활용하여 쓰시오.

> 보기
>
> go   sell   invite   travel

(1) He doesn't have time _____.
   (그는 여행할 시간이 없다.)

(2) They decided _____ the house.
   (그들은 그 집을 팔기로 결심했다.)

(3) I don't feel like _____ out today.
   (나는 오늘 외출하고 싶지 않다.)

(4) Thank you for _____ me to your party.
   (저를 당신의 파티에 초대해 주셔서 감사해요.)

13 우리말과 일치하도록 괄호 안에 주어진 말을 활용하여 문장을 완성하시오.

(1) 저에게 오렌지 주스 두 잔을 주시겠어요? (glass)

   → Would you give me _____
   _____, please?

(2) Tony는 밥 한 그릇을 먹었다. (bowl)

   → Tony ate _____.

(3) 나는 아침으로 빵 세 조각을 먹었다. (have, slice)

   → _____
   for breakfast.

(4) 나에게 종이 열 장을 가져다 줄래? (paper, piece)

   → Can you bring me _____
   _____?

14 우리말과 일치하도록 괄호 안에 주어진 말을 활용하여 빈칸에 알맞은 말을 쓰시오.

(1) 그 사랑스러운 개는 작지만, 그것은 높이 뛸 수 있다. (love, high, small)

   → _____ _____
   _____ _____, but it can
   jump _____.

(2) 그 책들을 찾는 것은 쉽지 않다. (find)

   → _____ _____ _____
   _____ not easy.

(3) 채소를 먹는 것은 좋다. (eat, good)

   → _____
   _____ vegetables.

(4) 어제는 화창했다. (sunny)

   → _____ _____ _____
   yesterday.

15 Zoe의 자기소개 글을 읽고, 어법상 틀린 곳 2개를 찾아 바르게 고쳐 쓰시오.

> Hello, I'm Zoe. I will introduce me. I live in Seoul. I have two brother. They are twins. My favorite subject is math.

(1) _____ → _____

(2) _____ → _____

16 다음 표를 보고, 괄호 안에 주어진 말과 비교급을 활용하여 문장을 완성하시오.

	Wake Up	Go to Bed
Jacob	7:30 am	10:00 pm
Amy	8:00 am	11:00 pm

(1) Jacob goes to bed _____ Amy. (early)

(2) Amy wakes up _____ Jacob. (late)

17 Anne이 지난 주말에 한 일을 적은 메모를 보고, 메모에 나온 말을 활용하여 문장을 완성하시오.

My last weekend

Saturday: watch TV, go mountain climbing with my dad

Sunday:　clean my room

Last Saturday, Anne watched TV. She also enjoyed (1) _____ _____. On Sunday, she was busy (2) _____.

18 다음 그림을 보고, 빈칸에 알맞은 대명사를 쓰시오.

There are three cute puppies on the grass. _____ is white. _____ is brown. _____ _____ is black.

19 우리말을 영어로 바꿔 쓸 때, 틀린 곳을 찾아 바르게 고쳐 쓰시오.

(1) 그녀는 그녀의 인생에서 가장 아름다운 일출을 보았다.

She saw the beautifulest sunrise in her life.

_____ → _____

(2) 나는 컵케이크를 만들기 위해 약간의 버터를 추가했다.

I added little butter to make a cupcake.

_____ → _____

(3) 풍선이 가까이 떠다니고 있었고, 나는 그것을 잡았다.

The balloon was floating nearly, and I caught it.

_____ → _____

FINISH

08

07

CHAPTER

06

전치사와 접속사

1 시간 전치사

I am going to meet her at 6 o'clock.

at+구체적 시각/하루의 때

나는 6시에 그녀를 만날 예정이다.

I will visit my grandparents on Saturday.

on+요일/날짜/특별한 날

나는 토요일에 나의 조부모님을 방문할 것이다.

The winter Olympics start in February.

in+월/계절/연도/오전/오후

동계 올림픽은 2월에 시작한다.

before: ~ 전에 / after: ~ 후에	for+숫자를 포함한 기간: ~ 동안 / during+특정한 때를 나타내는 명사(구): ~ 동안

2 장소 전치사

I am standing at the bus stop.

at+좁은 장소/한 지점

나는 그 버스 정거장에 서 있다.

A flower painting is on the wall.

on+표면에 접촉한 상태

꽃 그림이 그 벽 위에 있다.

My cousin lives in France.

in+넓은 장소/공간의 내부

나의 사촌은 프랑스에 산다.

┌ 표면에 접촉하지 않은 상태

in front of: ~ 앞에 / behind: ~ 뒤에	under: ~ 아래에 / over: ~ 위에	next to, by: ~ 옆에
between: ~ 사이에	between A and B: A와 B 사이에	near: ~ 근처에

└ 시간/장소 모두 가능

3 기타 전치사

Gina took pictures with her smartphone.

with+도구

Gina는 그녀의 스마트폰으로 사진을 찍었다.

He goes to school by bike.

by+교통수단

그는 자전거를 타고 학교에 간다.

for: ~을 위해, ~을 향해(방향)	about: ~에 관한	of: ~의
from: ~로부터(시간/장소/출신)	to: ~로(방향), ~에게(대상)	from A to B: A부터 B까지(시간/장소)

출제
포인트
전치사는 〈전치사+(대)명사/동명사〉와 같이 뒤에 명사 상당어구를 쓰며, 대명사가 올 경우 목적격으로 써야 한다.
I had lunch **with** ~~she~~ (→ **her**).

A

단어
배열하기

1 내 친구들은 공항에서 나를 기다리고 있다. (me, the airport, my friends, waiting for, are, at)

2 우리는 저녁 식사시간 전에 도착해야 한다. (before, should, dinnertime, arrive, we)

3 나는 공룡에 관한 책을 읽었다. (read, dinosaurs, about, I, a book)

4 그는 가위로 그의 앞머리를 자르고 있다. (his bangs, he, cutting, with, is, scissors)

5 우리는 10월 13일에 새 집으로 이사를 갔다. (moved to, we, on, the new house, October 13)

B

빈칸
채우기

1 너는 그 소파 아래를 치워야 한다. (the sofa)

You should clean _____ .

2 그의 교복은 그 벽장 안에 있다. (closet)

His school uniform is _____ .

3 Amber는 매일 7시에 일어난다. (o'clock)

Amber wakes up _____ every day.

4 나는 그 시험을 위해 3주 동안 공부했다. (week)

I studied for the test _____ .

5 우리 가족은 버스를 타고 유럽을 여행했다. (bus)

My family traveled around Europe _____ .

6 Brad는 그 영화관 앞에서 쿠키들을 팔았다. (the theater)

Brad sold cookies _____ .

C

**문장
완성하기**

1 나는 봄에 벚꽃을 보러 간다. (spring)

   I go to see cherry blossoms   .

2 Eric은 그의 콘서트 후에 그의 팬들을 만났다. (fan, meet, concert)

3 그녀는 침대 위에 그녀의 옷을 두었다. (put, the bed, clothes)

4 그 박물관은 화요일부터 일요일까지 개방한다. (be open, museum)

5 그 주차장은 그 건물 뒤에 있다. (building, parking lot)

D

**틀린 부분
고쳐 쓰기**

1 한국은 중국과 일본 사이에 있다.

   Korea is over China and Japan.

   →

2 나는 방학 동안 아르바이트를 했다.

   I had a part-time job for vacation.

   →

3 야구공이 글러브 옆에 있다.

   The baseball is under the glove.

   →

4 Mike는 교실에서 내 뒤에 앉는다.

   Mike sits behind I in the classroom.

   →

5 Jovana는 2017년에 고등학교에 입학했다.

   Jovana entered high school on 2017.

   →

서술형으로 STEP UP

» Answer p.12

빈출유형 그림 보고 조건에 맞게 영작하기

예제 ❶ 다음 그림을 보고, 〈조건〉에 맞게 문장을 완성하시오.

the truck

┌ 조건 ┐
- ❷ 장소를 나타내는 전치사를 사용할 것
- ❸ 5단어를 추가하여 문장을 완성할 것

→ She is _____.

(TIP) 주어진 조건을 모두 충족했는지 꼭 확인한다!

★ 서술형 문제 풀이 과정

❶ 그림 속 인물의 위치 파악하기

❷ 인물이 트럭(the truck) 앞에 위치
 : '~ 앞에'라는 의미의 장소 전치사는 in front of

❸ 조건에 맞게 문장을 완성하기

---

1 다음 그림을 보고, 질문에 알맞은 대답을 〈조건〉에 맞게 쓰시오.

┌ 조건 ┐
- 괄호 안에 주어진 말을 사용할 것
- 주어는 it, she 등의 대명사로 쓸 것
- 6단어의 완전한 문장으로 쓸 것

Q Where is the lion? (the elephant)

A _____

2 다음 그림을 보고, 〈조건〉에 맞게 문장을 완성하시오.

┌ 조건 ┐
- 〈보기 A〉, 〈보기 B〉에서 단어를 각각 하나씩 골라 쓸 것 (한 번씩만 사용할 것)
 〈보기 A〉 in, on, under
 〈보기 B〉 the table, the ball, the box

(1) The man is _____.

(2) The bird is _____.

(3) The rabbit is _____.

1 문법적으로 대등한 것을 이어주는 접속사

◗ and(그리고), but(그러나), or(또는), so(그래서)

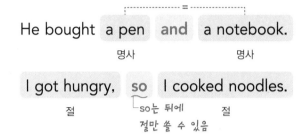

He bought **a pen** **and** **a notebook**.
명사   명사

그는 펜 하나와 공책 한 권을 샀다.

I got hungry, **so** I cooked noodles.
절   so는 뒤에   절
절만 쓸 수 있음

나는 배가 고파져서, 면을 삶았다.

2 부사절을 이끄는 접속사

◗ when(~할 때), while(~하는 동안), before(~하기 전에), after(~한 후에), because(~하기 때문에), if(만약 ~라면)

부사절

I will go to the park   **when** the rain stops.

비가 그칠 때 나는 그 공원에 갈 것이다.

Caleb will run away   **if** Mr. Cliff comes back.

Cliff 씨가 돌아온다면 Caleb은 도망칠 것이다.

때와 조건을 나타내는 접속사가 쓰인 부사절에서는 미래를 나타내더라도 현재시제를 쓸 것

> ▶ 주의!
>
> **접속사가 있는 부사절을 문장 앞에 쓸 때, 부사절의 끝에 쉼표(,)를 쓴다.**
>
> When I woke up, it was 10 a.m.

cf. 〈because+절〉 vs. 〈because of+명사(구)〉
I don't like lemons **because** they taste sour.
I don't like lemons **because of** their sour taste.

3 명사절을 이끄는 접속사

◗ that은 '~하는 것'이라는 의미로, 명사처럼 주어·보어·목적어 자리에 쓴다. that절이 주어일 때, 주어 자리에 가주어 it을 쓰고 원래 주어인 that절은 문장 뒤에 쓴다.

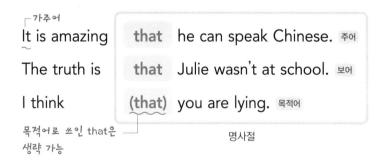

가주어
It is amazing   **that** he can speak Chinese. 주어

그가 중국어를 말할 수 있는 것은 놀랍다.

The truth is   **that** Julie wasn't at school. 보어

사실은 Julie가 학교에 없었다는 것이다.

I think   **(that)** you are lying. 목적어

나는 네가 거짓말을 하고 있다고 생각한다.

목적어로 쓰인 that은 생략 가능   명사절

출제
포인트

문법적으로 대등한 단어와 단어, 구와 구, 절과 절을 이어줄 때는 **and/but/or**를, 절과 절을 이어줄 때는 **so**나 부사절/명사절을 이끄는 접속사를 쓴다.
It is *warm* **but** *windy*. (형용사+but+형용사)
Jason exercises **before** *he goes to school*. (절+before+절)

 문장으로 CHECK UP

단어
배열하기

1 나는 배가 고프지만, 아무것도 먹지 않을 것이다. (won't, hungry, eat, I'm, but, I, anything)

2 문제는 Tanner가 아프다는 것이다. (is, that, the problem, sick, is, Tanner)

3 나는 독서하는 동안 음악을 듣는다. (listen to, read, I, while, music, I)

4 그는 스마트폰 또는 노트북을 살 것이다. (a laptop, will, or, he, buy, a smartphone)

5 그녀는 집에 온 뒤에 목욕했다. (she, got home, after, took a bath, she)

빈칸
채우기

1 나는 축구와 하키하는 것을 즐긴다. (hockey, soccer)

I enjoy playing   .

2 크리스마스였기 때문에 Briana는 나에게 선물을 주었다. (it, Christmas)

Briana gave me a present   .

3 네가 Mark를 좋아하지 않는다는 것은 흥미롭다. (like)

It is interesting   .

4 만약 네가 그 대회에서 우승한다면, 너는 상을 받을 거야. (win the contest)

                                                            , you will get a prize.

5 비가 와서 그는 우산 하나를 샀다. (umbrella, buy)

It was rainy,   .

6 몇몇 사람들은 외계인들이 우주에 산다고 믿는다. (alien, believe)

Some   in space.

UNIT 02 접속사 93

C

**문장
완성하기**

1 네가 떠나기 전에 함께 사진을 찍자. (leave)

Let's take a picture together _____ .

2 날씨가 춥지만, 많은 사람들이 밖에서 스케이트를 타고 있다. (skate, many, outside)

It is cold, _____ .

3 나는 걷거나 버스를 타야 한다. (take a bus, should)

_____

4 Kathryn은 그의 핼러윈 복장이 웃기다고 생각한다. (funny, think, Halloween costume)

_____

5 내가 나의 시험 점수를 봤을 때, 나는 행복했다. (see, happy, test score)

_____

D

**틀린 부분
고쳐 쓰기**

1 사실은 그가 거짓말쟁이라는 것이다.

The fact is if he is a liar.

→ _____

2 이 브랜드는 비싸지만, 나는 종종 그것을 산다.

This brand is expensive, so I often buy it.

→ _____

3 내가 나쁜 말을 사용했기 때문에 엄마는 화가 나셨다.

My mom became angry because of I used bad words.

→ _____

4 제 비행기가 착륙한 후에 당신에게 전화할게요.

I will call you after my plane will land.

→ _____

5 나는 쿠키들을 만드는 것과 그것들을 먹는 것을 좋아한다.

I like making cookies and eat them.

→ _____

서술형으로 **STEP UP**

≫ Answer p.13

빈출유형 우리말에 맞게 영작하기

예제 우리말과 일치하도록 괄호 안에 주어진 말을 활용하여 문장을 완성하시오.

Cade는❶배가 고파서,❷그는 샌드위치를 만들고 있다. (a sandwich, make / ❸5단어)

→ Cade is hungry, ＿＿＿＿＿＿＿＿＿＿＿

＿＿＿＿＿＿＿＿＿＿.

★ 서술형 문제 풀이 과정

❶ '～해서(그래서)'의 의미를 나타내는 접속사는 so

❷ 우리말에 맞게 접속사 so 뒤에 〈주어＋동사〉가 포함된 절을 쓰기
→ so he is making a sandwich

❸ 5단어에 맞추어 축약형으로 쓰기

TIP 제시된 우리말에 맞는 접속사와 시제로 쓰자!

---

1 우리말과 일치하도록 괄호 안에 주어진 말을 활용하여 문장을 완성하시오.

(1) 그는 매운 음식을 먹은 뒤에 항상 아이스크림을 먹는다. (eat, spicy food / 5단어)

→ He always eats ice cream ＿＿＿＿＿＿

＿＿＿＿＿＿＿＿＿.

(2) 나는 날씨 때문에 등산을 갈 수 없다.
(the weather / 4단어)

→ I can't go climbing ＿＿＿＿＿＿＿

＿＿＿＿＿＿＿＿＿.

(3) 만약 너에게 시간이 있다면, 네 남동생의 일을 도와주렴. (have time / 4단어)

→ ＿＿＿＿＿＿＿＿＿＿, help your

brother with his work.

2 우리말과 일치하도록 괄호 안에 주어진 말을 활용하여 대화를 완성하시오.

A 나는 네가 지난 토요일에 외출했다고 생각해. 그게 맞니? (go out / 4단어)

B 아니. 나는 집에서 TV를 봤고 저녁을 먹었어. (watch, have dinner / 5단어)

→ A I think ＿＿＿＿＿＿＿＿＿＿＿

last Saturday. Is that right?

B No. I ＿＿＿＿＿＿＿＿＿＿＿

at home.

3 다음 대화를 읽고, 괄호 안에 주어진 말을 활용하여 밑줄 친 우리말을 영작하시오.

A Did you print out your homework?

B No. 문제는 나의 컴퓨터가 어제 망가졌다는 거야. (the problem, break / 7단어)

→ ＿＿＿＿＿＿＿＿＿＿＿＿＿＿

yesterday.

01 우리말과 일치하도록 괄호 안에 주어진 말을 바르게 배열하시오.

> 나는 그녀의 수업에 대해 질문이 하나 있다.
> (about, a question, I, her class, have)

→ _____

02 우리말과 일치하도록 빈칸에 알맞은 말을 쓰시오.

(1)
> I usually go to the library _____ my school.
> (나는 주로 나의 학교 근처에 있는 도서관에 간다.)

(2)
> There is a tree _____ _____ _____ the house.
> (그 집 앞에 나무 한 그루가 있다.)

03 because와 because of 중 빈칸에 알맞은 말을 골라 쓰시오.

(1) People stayed home _____ the snowstorm.

(2) The leaves are falling _____ it is November.

04 다음 문장을 어법과 문장 부호에 맞게 고쳐 쓰시오.

When they will arrive I will meet them.

→ _____

_____

05 다음 그림을 보고, 문장에서 <u>틀린</u> 곳을 찾아 문장을 다시 쓰시오.

A dog is under the chairs.

→ _____

06 〈보기〉의 단어들을 배열하여 주어진 두 문장을 같은 의미의 한 문장으로 바꿔 쓰시오.

(1) ┌ 보기 ┐
Korea, will, Japan, and, visit

I will visit Korea. I will visit Japan.
→ I _____.

(2) ┌ 보기 ┐
juice, but, likes, milk, doesn't like

Bella likes milk. Bella doesn't like juice.
→ Bella _____.

07 우리말을 영어로 바꿔 쓸 때, <u>틀린</u> 곳을 찾아 문장을 다시 쓰시오.

(1)
> 너는 지하철을 타고 직장에 가니?
> Do you go to work at subway?

→ _____

(2)
> Maria가 쇼핑하는 동안, 나는 세차했다.
> During Maria was shopping, I washed my car.

→ _____

08 다음 그림을 보고, 질문에 알맞은 대답을 〈조건〉에 맞게 쓰시오.

┌─ 조건 ┐
• 괄호 안에 주어진 말을 사용할 것
• 주어는 it, she 등의 대명사로 쓸 것
• (1)과 (2) 각각 5단어의 완전한 문장으로 쓸 것

(1)
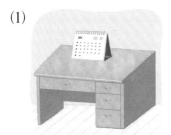

Q Where is the calendar? (the desk)

A _____

(2)

Q Where is the boy? (the girl)

A _____

09 우리말과 일치하도록 〈보기 A〉, 〈보기 B〉에서 표현을 각각 하나씩 골라 쓰시오. (한 번씩만 사용할 것)

┌─ 보기 A ┐
on, at, that, because

┌─ 보기 B ┐
night, New Year's Day, Korean is difficult, it is excited

(1) 올빼미들은 밤에 먹이를 사냥한다.

→ Owls hunt for food _____.

(2) 그 책은 한국어가 어렵다고 말한다.

→ The book says _____

_____.

(3) 우리는 설날에 떡국을 먹는다.

→ We eat rice cake soup _____

_____.

(4) 나의 개는 신이 나서 짖고 있다.

→ My dog is barking _____

_____.

10 다음 우리말을 〈조건〉에 맞게 영작하시오.

(1)
> 나는 6시간 동안 잤다.

┌─ 조건 ┐
• sleep, hour를 활용할 것
• 5단어의 완전한 문장으로 쓸 것

→ _____

(2)
> 만약 네가 피곤하다면, 내가 운전할게.

┌─ 조건 ┐
• drive, tired를 사용할 것
• 7단어의 완전한 문장으로 쓸 것

→ _____

FINISH

08

CHAPTER
07

문장의 구조

1 1형식 문장

◐ 〈주어+동사〉로 이루어지며, 시간·장소·방법 등을 표현하는 수식어(구)가 오기도 한다.

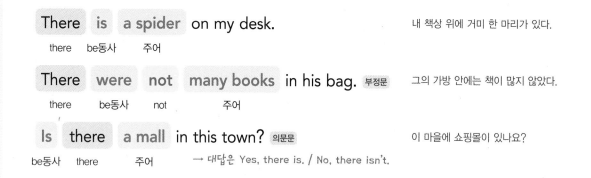

My uncle | drove | (carefully) | (on the road).
주어 | 동사 | (수식어) | (수식어)

나의 삼촌은 (도로에서 조심스럽게) 운전하셨다.

◐ 〈There+be동사+주어〉는 '~이 있다'의 의미로, 〈주어+동사〉로 이루어진 1형식 문장이다. be동사는 주어의 인칭·수와 문장의 시제에 맞춰 쓴다.

There | is | a spider | on my desk.
there | be동사 | 주어

내 책상 위에 거미 한 마리가 있다.

There | were | not | many books | in his bag. 부정문
there | be동사 | not | 주어

그의 가방 안에는 책이 많지 않았다.

Is | there | a mall | in this town? 의문문
be동사 | there | 주어

→ 대답은 Yes, there is. / No, there isn't.

이 마을에 쇼핑몰이 있나요?

2 2형식 문장

◐ 〈주어+동사+주격보어〉로 이루어진 문장이다. 주격보어로는 명사나 형용사를 쓴다.

be동사, become, keep, get, turn 등

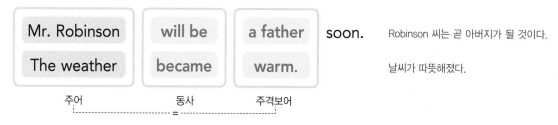

Mr. Robinson | will be | a father | soon.
The weather | became | warm.

주어 | 동사 | 주격보어

Robinson 씨는 곧 아버지가 될 것이다.

날씨가 따뜻해졌다.

◐ 몸이 느끼는 감각을 나타내는 감각동사의 주격보어로는 형용사를 쓴다.

feel, look, smell, taste, sound 등

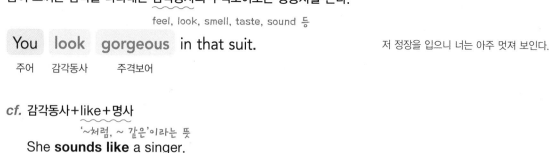

You | look | gorgeous | in that suit.
주어 | 감각동사 | 주격보어

저 정장을 입으니 너는 아주 멋져 보인다.

cf. 감각동사+like+명사
'~처럼, ~ 같은'이라는 뜻
She **sounds like** a singer.
The chocolate **tasted like** coffee.

출제 포인트 감각동사 뒤 보어 부분의 우리말 해석은 '~하게'이지만, 부사가 아닌 형용사로 써야 한다.
The doll feels ~~softly~~ (→ soft). (그 인형은 **부드럽게** 느껴진다.)

A

**단어
배열하기**

1 하늘에 비행기들이 있다. (are, the sky, airplanes, in, there)

2 너의 주말 계획들은 재미있게 들린다. (fun, weekend, sound, plans, your)

3 이 근처에 영화관이 있나요? (theater, there, here, is, a, near)

4 우리는 저 큰 집에 십 년 동안 살았다. (years, lived in, that, we, house, big, ten, for)

5 내가 그를 보았을 때, 나의 얼굴은 빨갛게 변했다. (my face, saw, I, red, when, him, turned)

B

**빈칸
채우기**

1 이 해산물 스파게티는 짠맛이 난다. (salty)

This seafood spaghetti   .

2 그는 십 대처럼 보인다. (a teenager, like)

He   .

3 콘서트 홀에 사람들이 많지 않다. (many)

                                    in the concert hall.

4 나의 어머니는 병원에서 일하신다. (at)

                                    a hospital.

5 나의 고양이들은 침대 안에 있었다. (in, the bed)

My cats   .

6 태양계에 여덟 개의 행성이 있나요? (planet)

                                    in the solar system?

**문장
완성하기**

1 이 노란 사탕은 바나나 같은 맛이 난다. (bananas)

This yellow candy   .

2 휴식을 취할 많은 시간이 없다. (much, there)

                          for relaxing.

3 그 동물들은 그 동물 보호소에서 안전하게 느꼈다. (safe, feel)

                          at the animal shelter.

4 그 모델은 키가 크고 말랐다. (the model, skinny)

5 그 탁자 위에 꽃들이 있니? (the table, there)

**틀린 부분
고쳐 쓰기**

1 너는 조용히 있어야 한다.

You should keep silently.

→

2 내 음식에 머리카락 한 올이 있어요!

There are a hair in my food!

→

3 Antonio는 어젯밤에 잘 잤다.

Antonio slept good last night.

→

4 네 방에 침대가 있니? – 아니, 그렇지 않아.

Is there a bed in your room? – No, there aren't.

→

5 그 쓰레기통에서 나쁜 냄새가 난다.

The trash can smells badly.

→

서술형으로 STEP UP

빈출 유형 **주어진 단어로 영작하기**

예제 우리말과 일치하도록 괄호 안에 주어진 말을 사용하여 영작하시오.

❶너의 새 가방은 ❷멋져 보인다. (bag, great)

→ _____ ❸

TIP 우리말을 보고 문장의 형식을 유추해서 어순과 단어의 형태를 올바르게 쓰자!

★ 서술형 문제 풀이 과정

❶ 주어인 '너의 새 가방'을 주어진 말을 활용하여 영작하면 your new bag

❷ 동사는 '~하게 보이다'이므로 〈look+형용사〉로 쓰기

❸ 〈주어+동사+주격보어〉의 2형식 문장으로 완성하기

[1~3] 우리말과 일치하도록 괄호 안에 주어진 말을 활용하여 영작하시오.

1
하루에는 24시간이 있다.
(in, there, a day, 24 hours)

→ _____

2
그 아기는 소파 위에서 자고 있다.
(sleep, the sofa)

→ _____

3
그의 목소리는 심각하게 들렸다.
(sound, serious, voice)

→ _____

[4~6] 다음 대화를 읽고, 괄호 안에 주어진 말을 활용하여 밑줄 친 우리말을 영작하시오.

4
A Mom, look at that cloud!
B Wow! <u>그것은 하트처럼 보이는구나.</u>
  (a heart, look)

→ _____

5
A <u>어두워지기 전에 집에 가자.</u> (it, dark, get)
B You're right. I'll call a taxi.

→ Let's go home _____.

6
A <u>해변 근처에 좋은 호텔이 있나요?</u>
  (the beach, nice, near)
B No, there isn't. Most hotels are too old.

→ _____

1 3형식 문장

● 〈주어+동사+목적어〉로 이루어진 문장이다. 목적어로는 (대)명사(구), to부정사(구), 동명사(구), 명사절 등을 쓴다.

My sister	wants	to go to Thailand.
주어	동사	목적어

나의 언니는 태국에 가고 싶어 한다.

2 4형식 문장

● 〈주어+수여동사+간접목적어+직접목적어〉로 이루어진 문장이다.
  '~에게 … 을 (해)주다'라는 의미를 갖는 동사

Mr. Park	teaches	us	English	every Monday.
주어	수여동사	간접목적어	직접목적어	

박 선생님은 매주 월요일에 우리에게 영어를 가르치신다.

● 4형식 문장은 〈주어+동사+직접목적어+전치사+간접목적어〉 형태의 3형식 문장으로 바꿔 쓸 수 있다.

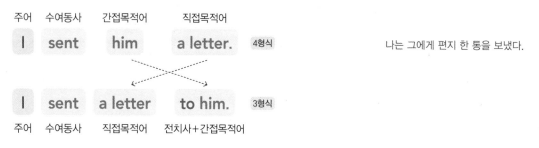

나는 그에게 편지 한 통을 보냈다.

■ **4형식 문장을 3형식 문장으로 전환할 때 쓰는 전치사**

수여동사	전치사
give, bring, show, send, tell, teach, lend 등	to
make, buy, get, cook 등	for
ask	of

3 5형식 문장

● 5형식 문장은 〈주어+동사+목적어+목적격보어〉로 이루어진 문장이다. call, name, make 등의 동사는 목적격보어로 명사를, find, keep, get, make 등의 동사는 목적격보어로 형용사를 쓴다.

Your smile	makes	me	happy.
주어	동사	목적어	목적격보어

너의 미소는 나를 행복하게 한다.

 4형식 문장을 3형식 문장으로 전환할 때, 동사에 따라 간접목적어 앞에 쓰는 전치사가 다르므로 유의한다.

Mom **bought** some clothes ~~to me~~ (→ for me).

 A
단어
배열하기

1 나의 형은 무서운 영화들을 좋아한다. (brother, scary, likes, my, movies)

2 나는 모든 일이 잘되기를 희망한다. (that, well, hope, I, goes, everything)

3 연습이 그를 훌륭한 오페라 가수로 만들었다. (practice, him, a, made, opera singer, wonderful)

4 그들은 최고의 학생에게 상을 주었다. (to, a prize, the best, they, gave, student)

5 Michael은 텔레비전으로 스포츠를 보는 것을 즐긴다. (sports, Michael, on TV, watching, enjoys)

6 그녀는 그녀의 남자 친구에게 그 사진들을 보여줬다.
(the photographs, her, showed, she, boyfriend)

 B
빈칸
채우기

1 나는 그녀에게 소포 한 개를 보냈다. (a package)

I sent   .

2 시험은 나를 긴장하게 만든다. (make, nervous)

Exams   .

3 그는 주희에게 드레스 한 벌을 사줬다. (a dress, buy)

He   Juhee.

4 그녀는 나를 거짓말쟁이라고 불렀다. (a liar, call)

She   .

5 Olivia는 그녀의 학생들에게 그 소식을 말해줬다. (the news)

Olivia told   .

1 아빠는 차고를 청소하는 것을 끝마치셨다. (the garage, finish, clean)

Dad   .

2 저에게 물 한 잔 가져다 주시겠어요? (a glass of, bring)

Can   ?

3 Lily가 나에게 뜨거운 코코아를 만들어 주었다. (make, hot cocoa)

4 우리는 그 배우가 매력적이라고 여긴다. (find, attractive, actor)

5 나는 그녀가 아프다는 것을 안다. (sick, know)

1 너는 Toby에게 너의 차를 빌려줬니?

Did you lend your car of Toby?

→

2 Gabriella는 그들에게 음악을 가르친다.

Gabriella teaches music them.

→

3 그들은 그들의 딸을 Itzel이라고 이름 지었다.

They named to their daughter Itzel.

→

4 Carry는 그녀의 엄마에게 저녁을 요리해 드렸다.

Carry cooked dinner to her mom.

→

5 나는 그에게 부탁을 했다.

I asked a favor him.

→

서술형으로 STEP UP

>> Answer p.14

빈출
유형 **문장 바꿔 쓰기**

예제 다음 문장과 의미가 통하도록 문장을 바꿔 쓰시오.

❶My grandfather gave me his old watch.

→❷My grandfather gave _____

_____ .

★ 서술형 문제 풀이 과정

❶ 주어진 문장의 형식 파악: 〈주어＋수여동사＋간접 목적어＋직접목적어〉의 4형식 문장

❷ 4형식 문장을 〈주어＋동사＋직접목적어＋전치사＋ 간접목적어〉의 3형식 문장으로 전환하기

TIP 4형식 문장을 3형식 문장으로 전환할 때, 동사에 따라 전치사를 달리 씀에 유의하자!

---

1 다음 대화를 읽고, 밑줄 친 부분을 3형식 문장으로 바꿔 쓰시오.

> **A** (1) My boyfriend sent me flowers on my birthday.
> **B** Wow! He is very romantic!
> **A** Yes. (2) I will buy him a nice present on his birthday, too.

(1) _____

(2) _____

2 다음 글을 읽고, 밑줄 친 부분을 3형식 또는 4형식 문장으로 바꿔 쓰시오.

> Mother birds love their baby birds.
> (1) Mother birds get their babies food.
> (2) They also teach songs to their babies.

(1) _____

(2) _____

3 밑줄 친 부분의 순서를 바꿔서 문장을 다시 쓸 때, 빈칸에 알맞은 말을 쓰시오.

(1) The man makes toys for his son.
  → The man makes _____ .

(2) Dad showed his new smartphone to me.
  → Dad showed _____

  _____ .

(3) Miranda cooked him an omelette.
  → Miranda cooked _____

  _____ .

(4) The reporter is asking people questions.
  → The reporter is asking _____

  _____ .

(5) I will tell my phone number to that woman.
  → I will tell _____

  _____ .

기출문제로 WRAP UP

01 우리말과 일치하도록 괄호 안에 주어진 말을 바르게 배열하시오.

(1) Philip은 나에게 샌드위치를 만들어준다.

(sandwiches, Philip, for, makes, me)

→ _____

(2) 나의 친구가 나에게 이메일을 보냈다.

(sent, my friend, an email, me)

→ _____

(3) 부엌에 요리책이 있나요? (a cookbook,

there, in the kitchen, is)

→ _____

02 다음 대화를 읽고, 괄호 안에 주어진 말을 바르게 배열하여 대화를 완성하시오.

> **A** Do you have any plans for this vacation?
> **B** Yes. I'm going to travel to Turkey. I will fly in a hot air-balloon.
> **A** _____
> (like, that, perfect, plan, a, sounds)

03 다음 글을 읽고, 괄호 안에 주어진 말을 활용하여 밑줄 친 우리말을 영작하시오.

> I like summer very much. I can swim and eat many sweet fruits. <u>여름은 나를 즐겁게 해준다.</u> (make, cheerful)

→ _____ _____ _____

_____.

04 〈보기〉에서 필요한 단어만 골라 활용하여, 다음 그림을 묘사하는 문장을 완성하시오. (한 단어를 여러 번 쓸 수 있음)

> ┌ 보기 ┐
> a, an, two, three, tiger, lion, giraffe, monkey, elephant, their, there, is, are

(1) _____ _____ _____

_____ under the tree.

(2) _____ _____ _____

_____ on the grass.

(3) _____ _____ _____

_____ in the water.

05 우리말을 영어로 바꿔 쓸 때, 어법상 틀린 곳을 찾아 문장을 다시 쓰시오.

(1)
> Joe는 항상 자신의 방을 깨끗하게 유지한다.
> Joe always keeps his room cleanly.

→ _____

(2)
> 그 동아리에는 다섯 명의 회원이 있다.
> There is five members in the club.

→ _____

06 다음 그림을 보고, 그림의 내용과 일치하도록 문장을 완성하시오.

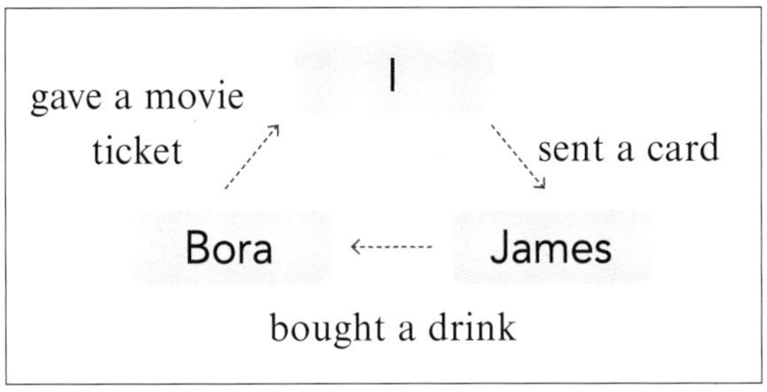

```
              I
gave a movie
   ticket    ↗        ↘ sent a card
    Bora    ←-------    James
          bought a drink
```

(1) I _____ James.

(2) James _____ Bora.

(3) Bora _____ .

[07~08] 다음 대화를 읽고, 괄호 안에 주어진 말을 활용하여 밑줄 친 우리말을 영작하시오.

07

> **A** Excuse me, where is Dr. Jeong?
> **B** <u>그는 그의 사무실에 있어요.</u> (in, office)

→ _____

08

> **A** Jinny, do you have any coins?
> **B** Let me see. <u>내 지갑 안에 약간의 동전들이 있어.</u> (coin, wallet, some, there) Here you are.
> **A** Thanks.

→ _____

09 다음 문장을 3형식 또는 4형식 문장으로 바꿔 쓰시오.

(1) Tim won't tell his secrets to me.

→ _____

(2) Blair bought her sister accessories.

→ _____

[10~12] 다음 글을 읽고, 물음에 답하시오.

(A) <u>My father cooked us a nice meal last evening.</u> It smelled deliciously. He made a salad, soup, and some *bulgogi*. The salad was fresh and sweet. (B) <u>그 수프는 좋은 맛이 났다.</u> I loved the *bulgogi*, too. My father is a good chef!

10 밑줄 친 (A)를 3형식 문장으로 바꿔 쓰시오.

→ _____

last evening.

11 밑줄 친 우리말 (B)를 〈조건〉에 맞게 영작하시오.

┌─ 조건 ─────────────────────────┐
• good, taste를 활용할 것
• 4단어의 완전한 문장으로 쓸 것
└────────────────────────────────┘

→ _____

12 어법상 틀린 문장을 찾아 다시 쓰시오.

→ _____

FINISH

08

CHAPTER
08

여러 가지 문장

1 의문사가 있는 의문문

who(m), what, when, where, how, why, which 등

● be동사가 있는 의문문: 〈의문사+be동사+주어 ~?〉

의문사　be동사　　　주어
When **is** **your birthday?**　　　너의 생일은 언제니?

– It is March 2nd.　　　– 3월 2일이야.

의문사　be동사　주어
Where **are** **you** going now?　　　너는 지금 어디에 가고 있니?

– I'm going to a theater.　　　– 나는 극장에 가고 있어.

● 일반동사/조동사가 있는 의문문: 〈의문사+do[does/did]/조동사+주어+동사원형 ~?〉

의문사　do[does/did]　주어　동사원형
Why **do** **you** **look** tired?　　　너는 왜 피곤해 보이니?

– Because I didn't sleep well last night.　　　– 어젯밤에 잘 못 잤기 때문이야.

의문사　조동사　주어　동사원형
What **will** **you** **do** tomorrow?　　　너는 내일 무엇을 할 거니?

– I will visit my uncle.　　　– 나는 삼촌 댁에 갈 거야.

● 의문사가 주어인 의문문: 〈의문사(주어)+동사 ~?〉

의문사(주어)　동사
Who **wants** ice cream?　　　누가 아이스크림을 원하니?
└ 의문사 주어는 단수 취급

– I do.　　　– 내가 원해.

■ 의문사를 사용한 권유·제안 표현

형태	의미	예문
〈Why don't you+동사원형〉	'너 ~하는 게 어때?'	**Why don't you** *join* us?
〈Why don't we+동사원형〉	'우리 ~하는 게 어때?'	**Why don't we** *go* skiing? (= **Let's** *go* skiing.)
〈How/What about v-ing〉	'~하는 게 어때?'	**How/What about** *changing* your clothes?

**출제
포인트** 대답을 보고 유추하여 의문문을 영작할 때는 대답한 내용에 맞는 의문사를 문장 맨 앞에 둔다. 의문문의 시제는
답변의 시제에 맞춰 쓰도록 한다.

A When did you come home?

B I came home **at 6**.

A

단어
배열하기

1 그 스테이플러는 어디에 있니? (where, stapler, is, the)

2 너의 누나와 함께 있는 저 남자는 누구니? (that man, is, your sister, who, with)

3 Shawn은 일본에 언제 도착했니? (Shawn, arrive, when, did, in Japan)

4 무엇이 당신을 웃게 하나요? (makes, laugh, you, what)

5 우리 액션 영화를 보는 게 어때? (don't, an, watch, why, action movie, we)

6 제가 시청에 어떻게 갈 수 있을까요? (get to, I, how, can, City Hall)

B

빈칸
채우기

1 너는 왜 이 학교를 선택했니? (choose)

this school?

2 누가 그 창문을 청소할 거니? (clean)

the window?

3 어느 것이 너의 차니? (car, which)

?

4 이번 여름에 너는 무엇을 할 예정이니? (be going to)

you this summer?

5 네가 브라우니들을 굽는 게 어때? (bake, why)

brownies?

1 우리 중국 음식을 좀 주문하는 건 어때? (order, why)

some Chinese food?

2 내가 언제 너에게 다시 전화해야 할까? (call, should)

you back?

3 누가 너의 학교에서 프랑스어를 가르치시니? (teach, at)

4 Steven은 어디에서 일하니? (work)

5 너는 왜 어제 수업에 늦었니? (class, late for)

1 올림픽 경기를 보는 게 어때?

How about watch the Olympic Games?

→

2 그들은 무엇에 대해 이야기하고 있었니?

What they were talking about?

→

3 누가 그 대문을 잠그니?

Who does lock the gate?

→

4 저는 채소들을 어디에서 찾을 수 있나요?

When I can find the vegetables?

→

5 Chris는 어떻게 그 문제를 해결했니?

How Chris solved the problem?

→

>> Answer p.15

서술형으로 STEP UP

빈출유형 조건에 맞게 영작하기

예제 다음 대화를 읽고, 밑줄 친 우리말을 〈조건〉에 맞게 영작하시오.

A It is going to rain soon. Why don't you take an umbrella?
B 제 우산이 어디❷있나요? •
A It's in front of the door.

┌ 조건 ┐
• ❶의문사 where를 사용할 것
• ❸4단어의 완전한 문장으로 쓸 것 •

★ 서술형 문제 풀이 과정

❶ 의문사로 시작하는 의문문

❷ be동사가 있는 의문문
: 〈의문사+be동사+주어 ~?〉

❸ 문장을 쓰고 나서 4단어인지 확인

→ _____

(TIP) 답을 작성한 후, 모든 조건을 충족시켰는지 확인하자!

---

1 다음 대화를 읽고, 밑줄 친 우리말을 〈조건〉에 맞게 영작하시오.

A Monica, what's wrong? (1) <u>너는 왜 속상해 보이니?</u>
B I lost my wallet.
A Really? (2) <u>그것을 언제 잃어버렸니?</u>
B I don't know. When I arrived home, it was not in my bag.

┌ 조건 ┐
• (1)은 upset, look을 사용할 것
• (2)는 대명사를 사용할 것
• (1)과 (2) 모두 의문사를 포함하여 각각 5단어의 완전한 문장으로 쓸 것

(1) _____

(2) _____

2 다음 글을 읽고, 알맞은 질문과 대답을 〈조건〉에 맞게 쓰시오.

My favorite movie is *Fantastic Adventure*. I like it because of the music. It is exciting and grand. When I listen to this music, I want to go on an adventure.

┌ 조건 ┐
• (1)은 글에 나온 문장을 찾아 쓸 것
• (2)는 like, the movie를 사용할 것
• (1)과 (2) 모두 각각 6단어의 완전한 문장으로 쓸 것

(1) **Q** What is your favorite movie?
   A _____

(2) **Q** _____
   A Because the music is exciting and grand.

1 의문사＋명사/형용사/부사

◑ '어떤/무슨 ～?'을 표현할 때는 〈Which/What＋명사 ～?〉로 쓴다.

Which **subject** do you like the most?　　　너는 어떤 과목을 가장 좋아하니?

－ I like math the most.　　　－ 나는 수학을 가장 좋아해.

◑ '얼마나 …한/하게 ～?'를 표현할 때는 〈How＋형용사/부사 ～?〉로 쓴다.

How **tall** are you?　　　너는 키가 몇이니?

－ I'm 160 cm tall.　　　－ 내 키는 160센티야.

How **often** do you eat out?　　　너는 얼마나 자주 외식을 하니?

－ I eat out twice a week.　　　－ 나는 일주일에 두 번 외식을 해.

cf. 〈How much＋셀 수 없는 명사〉 vs. 〈How many＋셀 수 있는 명사의 복수형〉
How much sugar do you need?
How many sisters do you have?

2 부가의문문

◑ 상대방에게 동의를 구하거나 앞서 말한 내용을 확인할 때, 평서문 뒤에 쉼표(,)를 찍고 〈동사＋주어?〉로 쓴다.

Amy is in trouble,　**isn't** **she?**　　　Amy는 곤경에 처해 있지, 그렇지 않니?
　　평서문　　　　　　　　부가의문문

－ Yes, she is. / No, she isn't.　　　－ 응, 그래. / 아니, 그렇지 않아.

부가의문문 만드는 법	동사에 따른 부가의문문의 형태
• 앞 문장이 긍정문이면 부정의 부가의문문(축약형), 앞 문장이 부정문이면 긍정의 부가의문문 • 주어는 대명사로 바꾸고 시제는 앞 문장과 일치시킴	• be동사 → be동사＋대명사 • 일반동사 → do[does/did]＋대명사 • 조동사 → 조동사＋대명사

＊명령문의 부가의문문은 will you?, 권유문(Let's ～)의 부가의문문은 shall we?로 쓴다.

출제 포인트 부가의문문의 동사는 앞 문장의 동사에 따라 달라지며, 부가의문문에 답할 때는 답하는 내용이 긍정이면 **Yes**, 부정이면 **No**로 쓴다.
James **can't** drive a car, **can** he?
－ Yes, he can. (운전할 수 있음) / No, he can't. (운전할 수 없음)

A
단어
배열하기

1 당신은 무슨 사이즈를 원하시나요? (size, want, what, do, you)

2 그 영화는 얼마나 긴가요? (how, the, is, movie, long)

3 어느 요리가 맛있고 건강에 좋나요? (dish, and, which, is, delicious, healthy)

4 너는 크리스마스에 선물을 몇 개 받았니? (gifts, get, on Christmas, many, did, how, you)

5 너는 중학생이야, 그렇지 않니? (aren't, you, a, student, are, you, middle school)

B
빈칸
채우기

1 너는 얼마나 빠르게 달릴 수 있니? (fast, run)

you   ?

2 Tom이 그 컵을 깼어, 그렇지 않니? (break)

Tom   ?

3 당신은 어느 색을 찾고 있나요? (which)

looking for?

4 그 경기는 몇 시에 끝났니? (end, what)

the game   ?

5 Eric과 Richard는 축구 선수들이 아니야, 그렇지? (soccer players)

Eric and Richard   ?

6 그 신발은 얼마나 비싼가요? (shoes, expensive)

?

1 당신은 어떤 소스를 추천하시나요? (sauce)

recommend?

2 날씨가 얼마나 춥니? (the weather)

3 그 편지는 도착하지 않았어, 그렇지? (arrive, the letter)

4 그는 얼마나 많은 돈을 썼니? (money, spend)

5 우리는 그녀를 방문할 거야, 그렇지 않니? (visit, be going to)

1 너는 어느 쪽을 읽고 있니?

Where page are you reading?

→

2 너는 반려동물을 몇 마리 가지고 있니?

How many pet do you have?

→

3 Emily는 그 도서관에서 공부해, 그렇지 않니?

Emily studies in the library, isn't Emily?

→

4 그 병원은 너의 집에서 얼마나 머니?

How is far the hospital from your house?

→

5 Jason은 한국 여권을 받을 수 있어, 그렇지 않니?

Jason can get a Korean passport, doesn't he?

→

>> Answer p.16

(빈출 유형) **질문하고 대답하기**

예제 밑줄 친 우리말과 일치하도록 대답에 알맞은 질문을 쓰시오.

Q ❶너는 무슨 사이즈를 입니?
A ❷I wear medium size.

★ 서술형 문제 풀이 과정

❶ 우리말과 대답한 내용을 바탕으로 영작하기
 : 〈What/Which+명사 ~?〉

❷ 의문문의 시제는 답변의 시제에 맞춰 쓰기

→ _____

(TIP) 질문 또는 대답에 나온 표현과 시제에 맞게 쓴다!

[1~3] 밑줄 친 우리말과 일치하도록 괄호 안에 주어진 말을 활용하여 대답에 알맞은 질문을 쓰시오.

1

Q 너는 무슨 맛을 원하니? (what)

A I want grape flavor.

→ _____

2

Q Timmy는 아팠지, 그렇지 않니? (sick)

A No, he wasn't.

→ _____

3

Q 너의 아기는 얼마나 많은 치아를 가지고 있니? (many, tooth)

A She has six teeth.

→ _____

[4~6] 다음 민지의 월요일 수업 시간표를 보고, 빈칸에 알맞은 말을 쓰시오.

1교시	9:10 ~ 9:55	Science
2교시	10:05 ~ 10:50	Korean
3교시	11:00 ~ 11:45	Math
4교시	11:55 ~ 12:40	Music
점심	12:40 ~ 1:40	-
5교시	1:40 ~ 2:25	Art
6교시	2:35 ~ 3:20	English

4 Q How many classes does Minji have on Monday?

A _____ _____ _____

 _____ on Monday.

5 Q _____ _____ _____ the last class end?

A It ends at 3:20.

6 Q Minji has a history class on Monday, doesn't she?

A _____, _____ _____.

1 명령문

● '~해라, ~하지 마라'처럼 상대방에게 명령·요청하고 싶을 때는 주어를 빼고 동사원형부터 쓴다.

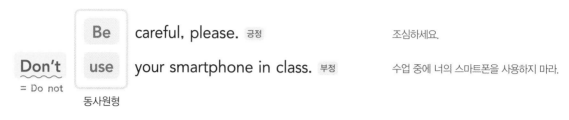

| Be | careful, please. 긍정 | 조심하세요. |

Don't = Do not | use | your smartphone in class. 부정 — 수업 중에 너의 스마트폰을 사용하지 마라.

동사원형

cf. '~해라, 그러면 …할 것이다': 〈명령문, and …〉

Add salt, **and** your soup will taste better.
→ **If** you add salt, your soup will taste better.

'~해라, 그러지 않으면 …할 것이다': 〈명령문, or …〉

Hurry up, **or** you will be late.
→ **If** you **don't** hurry up, you will be late.

● '~하자, ~하지 말자'처럼 상대방에게 권유·제안할 때는 Let's로 문장을 시작한다.

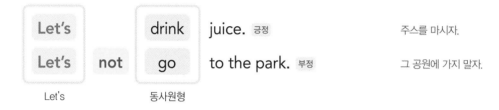

| Let's | | drink | juice. 긍정 | 주스를 마시자. |
| Let's | not | go | to the park. 부정 | 그 공원에 가지 말자. |

Let's   동사원형

2 감탄문

● '참 ~하구나!'처럼 감정을 강조해 표현할 때는 What이나 How로 문장을 시작하고, 느낌표(!)를 쓴다.

It is a very clean room.

| → What | a | clean | room | (it is)! | (그것은) 참 깨끗한 방이구나! |
| What | a/an | 형용사 | 단수명사 | (주어+동사)! | |

They are very huge shoes.

| → What | | huge | shoes | (they are)! | (그것들은) 참 커다란 신발이구나! |
| What | | 형용사 | 복수명사 | (주어+동사)! | |

He is very funny.

| → How | | funny | | (he is)! | (그는) 참 재미있구나! |
| How | | 형용사/부사 | | (주어+동사)! | |

 오답 노트 What으로 시작하는 감탄문에 셀 수 있는 명사의 단수형이 쓰일 때 a/an를 빠뜨리지 않도록 유의한다.
What ~~tall~~ (→ a tall) **man** he is!

A

단어
배열하기

1 너의 친구들에게 친절해라. (nice, your, to, be, friends)

2 이 셔츠를 입어봐, 그러면 너는 그것이 마음에 들 거야. (you'll, this shirt, it, and, try on, like)

3 그것은 참 아름다운 사진이구나! (picture, a, beautiful, is, it, what)

4 그 남자는 참 빨리 먹는구나! (man, how, the, eats, fast)

5 그 박물관에서 먹거나 마시지 마시오. (in, eat or drink, not, the museum, do)

B

빈칸
채우기

1 그는 참 예의 바르구나! (polite)

　　　　　　　　　　　　　　　　　　　　　　　　　　　　　　　!

2 그 상자를 열지 말아라. (open)

　　　　　　　　　　　　　　　　　　　　　　　　　　　　　　　.

3 이 쪽지를 Adriana에게 줘. (note, give)

　　　　　　　　　　　　　　　　　　　　　　　　　　Adriana.

4 그것들은 참 귀여운 새끼 고양이들이구나! (cute, kitten)

　　　　　　　　　　　　　　　　　　　　they are!

5 일찍 자러 가자. (go to bed)

　　　　　　　　　　　　　　　　　　　　early.

6 조용히 해, 그러지 않으면 너는 너의 아버지를 깨울 거야. (quiet)

　　　　　　　　　　　　　　　　　　　wake up your father.

C

**문장
완성하기**

1　너의 일에 집중해라, 그러면 너는 더 잘할 거다. (do better)

Focus on your work,   .

2　이곳은 참 이상한 장소구나! (place, strange)

                              this is!

3　지금 당장 너의 방을 치워라. (clean up)

                            right now.

4　수영장에서 수영하지 말자. (let, the pool)

5　날씨가 참 좋구나! (the weather, wonderful)

D

**틀린 부분
고쳐 쓰기**

1　이것은 참 두꺼운 책이구나!

What thick book this is!

→

2　그 텔레비전을 사지 말자.

Let's don't buy the television.

→

3　그 접시들은 참 다채롭구나!

How colorful are the plates!

→

4　극장 안에서 전화 통화하지 마세요.

Not speak on the phone in the theater.

→

5　너의 선생님께 여쭤봐라, 그러면 너의 질문에 답해 주실 거야.

Ask your teacher, or he will answer your question.

→

빈출 유형 문장 바꿔 쓰기

예제 다음 문장을 ❶what을 사용한 감탄문으로 바꿔 쓰시오.

He is a ❷very kind person.

→ _____

TIP 강조하고자 하는 부분에 명사가 포함되어 있으면 What으로, 포함되어 있지 않으면 How로 감탄문을 시작한다!

★ 서술형 문제 풀이 과정

❶ what으로 시작하는 감탄문
: 〈What(+a/an)+형용사+명사(+주어+동사)!〉

❷ 강조하고자 하는 부분의 형용사는 kind, 명사는 person

---

1 다음 각 문장을 감탄문으로 바꿔 쓰시오.

(1) The girl walks very slowly.

→ How _____ _____ _____

_____!

(2) That is a very interesting show.

→ What _____ _____ _____

_____ _____!

(3) It is very warm and sunny.

→ _____ _____ _____

_____ _____ _____!

(4) They are very good dancers.

→ _____ _____ _____

_____ _____!

2 다음 문장과 의미가 통하도록 명령하는 말로 바꿔 쓰시오.

(1) You should return the book tomorrow.

→ _____ _____ _____

_____.

(2) If you drink this tea, you'll feel better.

→ _____ _____ _____

_____ you'll feel better.

(3) If you don't do your homework, you'll get 0 points.

→ _____ _____ _____

_____ you'll get 0 points.

(4) You must not use the elevator today.

→ _____ _____ _____

_____ _____.

01 괄호 안에 주어진 말을 바르게 배열하여 질문을 완성하시오.

(1)

A _____
(did, move to, England, why, he)
B Because he got a job there.

→ _____

(2)

A _____
(you, often, do, exercise, how)
B I exercise three times a week.

→ _____

02 우리말과 일치하도록 괄호 안에 주어진 말을 사용하여 영작하시오.

(1) 너는 한 달에 몇 권의 책을 읽니? (a month, how)

→ _____

_____

(2) 너는 우리와 함께 공부하는 게 어떠니? (why, study with)

→ _____

_____

03 어법상 틀린 곳을 찾아 문장을 다시 쓰시오.

(1) Lily went to school yesterday, isn't she?

→ _____

(2) How big hands he has!

→ _____

04 우리말과 일치하도록 〈보기〉에서 단어를 골라 빈칸에 알맞은 말을 쓰시오.

┌─ 보기 ─────────────────────────┐
go   give   cross   have
└────────────────────────────────┘

(1)

A _____ _____ _____ the beach. (해변에 가자.)
B That's a great idea!

(2)

A _____ _____ the street when the light is red.
(빨간불일 때 길을 건너지 마라.)
B Okay, I won't.

(3)

A _____ _____ _____ ticket. (당신의 표를 저에게 주세요.)
B Here you go.

(4)

A _____ _____ _____ _____ dinner together?
(우리 함께 저녁을 먹는 게 어때?)
B Sorry, I have other plans.

05 다음 문장과 의미가 통하도록 문장을 바꿔 쓰시오.

(1) If you don't start now, you'll miss your chance.

→ Start now, _____.

(2) Join today, and you will get a free coupon.

→ _____, you will get a free coupon.

06 다음 각 문장을 괄호 안의 조건에 맞는 감탄문으로 바꿔 쓰시오.

(1) They are very pretty babies. (5단어)

→ _____

(2) This tree is really green. (5단어)

→ _____

(3) It was a very exciting movie. (6단어)

→ _____

07 대답에 알맞은 질문을 〈조건〉에 맞게 쓰시오.

A _____

B I got here by subway.

┌ 조건 ┐
- 대화에 나온 표현을 활용할 것
- 의문사를 포함하여 총 5단어로 쓸 것

→ _____

08 다음 대화를 읽고, 대답의 밑줄 친 부분을 묻는 질문을 완성하시오.

(1) A _____ get up?

B I get up at seven in the morning.

(2) A _____ your textbook?

B It is in my locker.

(3) A _____ at the party?

B I saw Jonathan at the party.

09 다음 대화를 읽고, 빈칸에 알맞은 부가의문문과 대답을 쓰시오.

(1)
A Your dad isn't a doctor, _____ _____?

B No, _____ _____. He is a writer.

(2)
A Sarah works in a flower shop, _____ _____?

B Yes, _____ _____. She loves flowers.

(3)
A You can speak French, _____ _____?

B No, _____ _____. But I can speak Japanese.

10 다음 편지를 읽고, 편지 내용에 대한 알맞은 질문과 대답을 쓰시오.

Dear Joseph,

We invite you to Emily's 14th birthday party!

It is on February 19th.

Please come and have fun! Thanks!

(1) Q _____ _____ the event?

A It is Emily's 14th birthday party.

(2) Q _____ _____ the event?

A It is on February 19th.

(3) Q Who will receive the invitation?

A _____ _____ _____ the invitation.

01 우리말과 일치하도록 괄호 안에 주어진 말을 바르게 배열하시오.

(1) 그녀의 목소리는 나를 편안하게 했다.

(me, comfortable, made, her voice)

→ _____

(2) 우리 거기에 지하철을 타고 가는 게 어때?

(go there, don't, we, by subway, why)

→ _____

02 다음 대화를 읽고, 밑줄 친 우리말과 일치하도록 빈칸에 알맞은 말을 쓰시오.

A Look! (1) 탁자 위에 쿠키들이 많이 있어.
B Wow. (2) 저 쿠키는 곰처럼 보인다.

(1) _____ _____ many cookies
on the table.

(2) That cookie _____ _____
_____ _____.

03 어법상 틀린 곳을 찾아 바르게 고쳐 쓰시오.

(1) The baby will cry if her mom will leave.

_____ → _____

(2) Patrick showed his album for me.

_____ → _____

(3) My son always keeps his feet warmly.

_____ → _____

04 다음 각 문장을 3형식 문장으로 바꿔 쓰시오.

(1) Aaron gave me this pencil.

→ Aaron gave _____ _____

_____ _____.

(2) I will make you a kite.

→ I _____ _____ _____

_____ _____ _____.

05 빈칸에 공통으로 들어갈 전치사를 쓰시오.

• Your book is _____ the shelf.
• I was born _____ February 11th.
• What did your sister do _____
Thursday?

→ _____

06 다음 대화를 읽고, 대화에 나온 말을 활용하여 밑줄 친 우리말을 영작하시오.

A Hi, Jessica. Nice to see you again!
(1) 너는 언제 여기에 도착했니?
B I arrived here yesterday.
A You must be tired. (2) 그 여행은 어땠니?
B The trip was amazing. I had a lot
of fun.

(1) _____

(2) _____

07 다음 메모를 보고, 우리말과 일치하도록 영작하시오.

In the refrigerator
- an egg
- two tomatoes
- oranges

(1) There _____.

(냉장고 안에 달걀 한 개가 있다.)

(2) _____

(냉장고 안에 토마토 두 개가 있다.)

(3) _____

(냉장고 안에 오렌지들이 없다.)

08 우리말과 일치하도록 괄호 안에 주어진 말을 사용하여 빈칸에 알맞은 말을 쓰시오.

(1) Ellie는 그녀의 성적 때문에 속상했다.

→ Ellie was upset _____ _____

_____ _____. (grades)

(2) 너는 그 기차를 타는 게 어때?

→ _____ _____ _____

_____ the train? (take)

(3) 네가 비타민이 필요할 때, 부엌에 찬장을 보렴.

→ _____ _____ _____

vitamins, look in the cupboard in the

kitchen. (need)

09 다음 그림을 보고, 〈보기 A〉, 〈보기 B〉에서 단어를 각각 하나씩 골라 현재시제로 문장을 완성하시오. (한 번씩만 사용할 것)

보기 A

smell   look   feel

보기 B

hard   good   sad

(1) The boy _____.

(2) The bread _____.

(3) The soup _____.

10 다음 글을 읽고, 빈칸에 알맞은 말을 〈보기〉에서 골라 쓰시오. (한 번씩만 사용할 것)

보기

in   to   for   near   from   during

(1) _____ the summer, I visited Jeju Island with my friends. My uncle lives (2) _____ Seogwipo, and we stayed there (3) _____ two weeks. There was a beach (4) _____ my uncle's house. My friends and I played on the beach (5) _____ morning (6) _____ evening every day.

11 다음 대화를 읽고, 밑줄 친 우리말과 일치하도록 문장을 완성하시오.

(1)

> **A** 고양이들은 물을 좋아하지 않아, 그렇지?
> **B** No, they don't.

→ _____ water,
_____?

(2)

> **A** Martin은 변호사지, 그렇지 않니?
> **B** No, he isn't. He is a judge.

→ _____ a lawyer,
_____?

(3)

> **A** 너는 나에게 전화하지 않을 거지, 그렇지?
> **B** Yes, I will. I will call you when I get there.

→ _____,
_____?

12 우리말과 일치하도록 괄호 안에 주어진 말을 사용하여 문장을 완성하시오.

(1) 네가 칼을 사용할 때 조심해라. (careful)

→ _____ when you use a knife.

(2) 비누로 너의 손들을 씻어라. (wash, hands)

→ _____ with soap.

(3) 거리에 쓰레기를 버리지 마라. (throw trash)

→ _____ on the street.

(4) 이곳에서 사진들을 찍지 말자. (take pictures, let)

→ _____ here.

13 다음 대화를 읽고, 대답에 알맞은 질문을 〈조건〉에 맞게 쓰시오.

> **Q** _____
> **A** I went to Gyeongbokgung.

┌─ 조건 ─────────────────────────┐
• 의문사를 사용할 것
• 대답에 쓰인 단어를 활용할 것
• 4단어를 추가하여 문장을 완성할 것
└────────────────────────────────┘

→ _____ during the weekend?

14 다음 각 문장을 감탄문으로 바꿔 쓰시오.

(1) Amelia has very beautiful eyes.

→ _____ Amelia has!

(2) This sauce tastes too spicy.

→ _____ this sauce tastes!

15 다음 두 문장을 〈보기〉와 같이 한 문장으로 바꿔 쓰시오.

┌─ 보기 ─────────────────────────┐
Julie bought books. Julie bought pens.
→ Julie bought books and pens.
└────────────────────────────────┘

She can dance well. She can write good songs.

→ She can _____ _____
_____ _____ _____
_____.

16 우리말과 일치하도록 괄호 안에 주어진 말과 접속사를 활용하여 빈칸에 알맞은 말을 쓰시오.

(1) 그들은 Brody가 지금 자고 있다고 생각한다. (sleep)

→ They think _____ _____

_____ _____ right now.

(2) 교통 상황이 나빴기 때문에 해인이는 늦었다. (the traffic, bad)

→ Haein was late _____ _____

_____ _____ _____.

17 다음 대화를 읽고, 괄호 안에 주어진 말을 사용하여 대답에 알맞은 질문을 쓰시오.

Q _____ _____ _____

_____ _____ do you drink

a day? (how)

A I drink two cups of coffee every day.

18 다음 문장과 의미가 통하도록 문장을 바꿔 쓰시오.

(1) If you don't sign this paper, you can't join the meeting.

→ _____ _____ _____,

_____ you can't join the meeting.

(2) That few people came to the party was surprising.

→ _____ _____ _____

_____ few people came to the party.

19 우리말과 일치하도록 〈보기〉에서 필요한 단어만 골라 쓰시오.

(1)
> 보기
> is, isn't, are, aren't, was, wasn't, were, weren't, don't, didn't, boring, scary, funny, it, that, movie, concert

→ _____

_____

(저 영화는 무서웠어, 그렇지 않니?)

(2)
> 보기
> is, are, was, were, there, their, them, a mountain, a building, next to, between, your family, your town

→ _____

_____

(너희 동네 옆에 산이 있니?)

20 다음 글을 읽고, 어법상 틀린 곳 2개를 찾아 바르게 고쳐 쓰시오.

My family had a party in Christmas Eve. My mom made the best chocolate cake. My dad put a beautiful tree in the living room. I put gifts under the tree. What happy a day it was!

(1) _____ → _____

(2) _____ → _____

MEMO

MEMO

MEMO

MEMO

MEMO

MEMO

지은이

NE능률 영어교육연구소

NE능률 영어교육연구소는 혁신적이며 효율적인 영어 교재를 개발하고
영어 학습의 질을 한 단계 높이고자 노력하는 NE능률의 연구조직입니다.

쓰기로 마스터하는 중학서술형 〈1학년〉

펴 낸 이	주민홍
펴 낸 곳	서울특별시 마포구 월드컵북로 396(상암동) 누리꿈스퀘어 비즈니스타워 10층
	㈜NE능률 (우편번호 03925)
펴 낸 날	2018년 10월 5일 초판 제1쇄
	2024년 6월 15일 제12쇄
전 화	02 2014 7114
팩 스	02 3142 0356
홈 페 이 지	www.neungyule.com
등 록 번 호	제1-68호
I S B N	979-11-253-2476-8 53740
정 가	12,000원

NE 능률

고객센터

교재 내용 문의 : contact.nebooks.co.kr (별도의 가입 절차 없이 작성 가능)
제품 구매, 교환, 불량, 반품 문의 : 02-2014-7114
☎ 전화문의는 본사 업무시간 중에만 가능합니다.

NE능률 교재 MAP

듣기 말하기 쓰기

아래 교재 MAP을 참고하여 본인의 현재 혹은 목표 수준에 따라 교재를 선택하세요.
NE능률 교재들과 함께 영어실력을 쑥쑥~ 올려보세요!
MP3 등 교재 부가 학습 서비스 및 자세한 교재 정보는 www.nebooks.co.kr 에서 확인하세요.

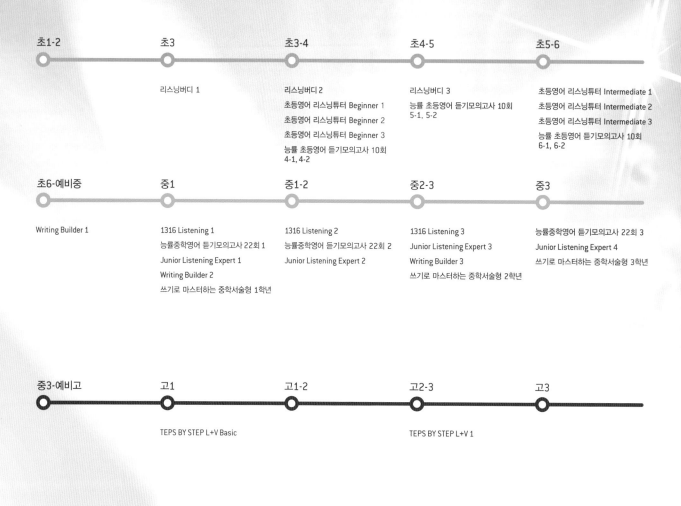

초1-2	초3	초3-4	초4-5	초5-6
	리스닝버디 1	리스닝버디 2 초등영어 리스닝튜터 Beginner 1 초등영어 리스닝튜터 Beginner 2 초등영어 리스닝튜터 Beginner 3 능률 초등영어 듣기모의고사 10회 4-1, 4-2	리스닝버디 3 능률 초등영어 듣기모의고사 10회 5-1, 5-2	초등영어 리스닝튜터 Intermediate 1 초등영어 리스닝튜터 Intermediate 2 초등영어 리스닝튜터 Intermediate 3 능률 초등영어 듣기모의고사 10회 6-1, 6-2

초6-예비중	중1	중1-2	중2-3	중3
Writing Builder 1	1316 Listening 1 능률중학영어 듣기모의고사 22회 1 Junior Listening Expert 1 Writing Builder 2 쓰기로 마스터하는 중학서술형 1학년	1316 Listening 2 능률중학영어 듣기모의고사 22회 2 Junior Listening Expert 2	1316 Listening 3 Junior Listening Expert 3 Writing Builder 3 쓰기로 마스터하는 중학서술형 2학년	능률중학영어 듣기모의고사 22회 3 Junior Listening Expert 4 쓰기로 마스터하는 중학서술형 3학년

중3-예비고	고1	고1-2	고2-3	고3
	TEPS BY STEP L+V Basic		TEPS BY STEP L+V 1	

수능 이상/ 토플 80-89· 텝스 327-384점	수능 이상/ 토플 90-99· 텝스 385-451점	수능 이상/ 토플 100· 텝스 452점 이상		
TEPS BY STEP L+V 2 RADIX TOEFL Blue Label Listening 1 RADIX TOEFL Blue Label Listening 2	RADIX TOEFL Black Label Listening 1	TEPS BY STEP L+V 3 RADIX TOEFL Black Label Listening 2		

최신 중간·기말고사
빈출 서술형 마스터

쓰기로 마스터하는 중학 서술형

1학년

정답 및 해설

NE능률 영어교육연구소 지음
신유승 선정아 강동효 은다나

NE능률

쓰기로
마스터하는
중학 서술형

―

정답 및 해설

Unit 01 be동사

💟 문장으로 CHECK UP

pp. 09~10

A 1 Are your friends on the playground?
2 The pizza is not delicious.
3 She is a yoga teacher.
4 I am not a scientist.
5 Is David angry?
6 Mina and Jiho are in the U.S.

B 1 They're, friends 2 I'm not, old 3 Are the actors 4 Is Jacob at home 5 aren't at

C 1 I'm[I am] tired
2 They aren't[are not] my neighbors.
또는 They're not my neighbors.
3 Is your brother sick?
4 Are the keys on the table?
5 It isn't[is not] my laptop.
또는 It's not my laptop.

D 1 We're[We are] in the same class.
2 I'm not a Korean. 또는 I am not a Korean.
3 Is it her fault?
4 Is the tree five meters tall?
5 Bill and Mark are computer geniuses.

📲 서술형으로 STEP UP

p. 11

예제 Is music, subject / No, it isn't, Art is

1 Are they in a science club / Yes, they are

2 Are you / No, I'm not / are you from Greece / I am / I'm from Athens

Unit 02 일반동사

💟 문장으로 CHECK UP

pp. 13~14

A 1 We read English newspapers.
2 Do your cousins go to school?
3 They do not eat seafood.
4 Does she live in Seoul?
5 My dog does not bite.

B 1 This plane flies 2 I don't have 3 fixes the roof 4 Do, prepare for 5 He does not drink
6 Does your teacher remember

C 1 He washes the dishes
2 The duck doesn't[does not] swim
3 Does Steve wear glasses?
4 I don't[do not] have an English name.
5 Do they hate vegetables?

D 1 She has three brothers.
2 Do the singers write music?
3 He doesn't[does not] play the guitar.
4 I don't[do not] understand them.
5 Does Suzy have breakfast every morning?

📲 서술형으로 STEP UP

p. 15

예제 (1) has breakfast
(2) She brushes her teeth
(3) She attends writing class

1 (1) don't[do not] go (2) goes jogging
(3) read a book (4) studies French
(5) do homework

2 (1) is (2) lives (3) doesn't
(4) watches funny videos (5) draws

📋 기출문제로 WRAP UP

pp. 16~17

01 Are the leaves brown
02 (1) Tokyo isn't[is not] a large city.
(2) Daniel doesn't[does not] read quickly.
(3) My sister and I don't[do not] drink coffee.
03 (1) Is he / he isn't
(2) Do you / Yes, I do
04 (1) Do you have (2) Are you
05 (1) am (2) have, has (3) cries
06 (1) Do the people take the subway?
(2) Is our new teacher Mr. Stevens?
07 (1) He's[He is] a middle school student.
(2) He doesn't[does not] like math.
08 (1) Does Eric bake cookies?
(2) Eric and Gina are sad.
09 (1) She is thirsty. She isn't hungry.
(2) He plays basketball. He doesn't play baseball.
10 No, he isn't, He is / No, she doesn't, She has
11 (1) It[Mao] plays with a toy mouse at 12 p.m.
(2) It[Mao] goes for a walk at 12:30 p.m.

01 be동사 의문문: 〈be동사+주어 ~?〉

02 (1) be동사 is의 부정: isn't[is not]
(2) 주어가 3인칭 단수(Daniel)일 때, 일반동사 현재형의
부정: 〈doesn't[does not]+동사원형〉
(3) 주어가 3인칭 단수가 아닐 때, 일반동사 현재형의 부정:
〈don't[do not]+동사원형〉

03 (1) be동사 의문문과 대답: 〈Is/Are+주어 ~?〉 - 〈Yes, 주어
+is/are.〉 또는 〈No, 주어+isn't/aren't.〉
(2) 일반동사 의문문과 대답: 〈Do/Does+주어+동사원
형 ~?〉 - 〈Yes, 주어+do/does.〉 또는 〈No, 주어
+don't/doesn't.〉

04 (1) 일반동사 의문문: 〈Do/Does+주어+동사원형 ~?〉
(2) be동사 의문문: 〈be동사+주어 ~?〉

05 (1) 주어가 I이므로 be동사는 am
(2) 주어가 I일 때 일반동사의 현재형은 동사원형으로, 주어가
3인칭 단수(She)일 때 have는 has로 쓴다.
(3) 주어가 3인칭 단수(The baby)일 때 cry는 cries로 쓴다.

07 (1) 주어가 3인칭 단수(He)일 때 be동사는 is
(2) 주어가 3인칭 단수(He)일 때, 일반동사 현재형의 부정:
〈doesn't[does not]+동사원형〉

11 주어가 3인칭 단수(It[Mao])일 때 일반동사 play, go는 각
각 plays, goes로 쓴다.

02 시제와 조동사

Unit 01 과거시제

💙 문장으로 CHECK UP

pp. 21~22

A 1 Oliver exercised in a park.
2 Lisa was not at the bank.
3 Were you angry at me?
4 I didn't lie to my mom.
5 Did she write this essay?

B 1 I wasn't hungry 2 They danced together
3 Did the singer have 4 Amy and Jack were
smart 5 Was your sister at 6 He did not wear

C 1 Were you nervous
2 They didn't[did not] swim
3 I bought a new phone
4 Did you see that musical?
5 Nicole sang a song to me.

D 1 He took a yoga class.
2 Did you call her yesterday?
3 She opened her gifts.
4 Was the box empty?
5 The bus didn't[did not] stop.

📝 서술형으로 STEP UP

p. 23

예제 (1) played chess (2) sent emails
(3) studied math, read a book

1 (1) rode a bike, didn't go
(2) taught Chinese, did not practice

2 (1) He visited his grandparents.
(2) He didn't[did not] finish his homework.
(3) He met his friends.

Unit 02 진행형과 미래시제

💙 문장으로 CHECK UP

pp. 25~26

A 1 Ben is not studying math.
2 The movie will start at 8 p.m.
3 The students were not listening.
4 Is Sophia writing a Christmas card?

5 We are going to move to Jeonju.

B **1** They won't join 또는 They'll not join   **2** Were the boys throwing   **3** He was living in   **4** not going to introduce   **5** Is she going to play
6 The lions are not running

C **1** I won't[will not] tell 또는 I'll not tell
2 Are they planning a trip?
3 Dan is tying his shoes.
4 The babies weren't[were not] crying.
5 I'm[I am] going to help my mom.

D **1** I'm[I am] drawing a cartoon character.
2 Will he come to your birthday party?
3 Were you sleeping at home?
4 She's[She is] going to buy a computer next month.
5 Katie wasn't[was not] riding a bike.

📲 서술형으로 STEP UP

p. 27

예제 He is drinking

1 I am going to play soccer

2 (1) is running[jogging]   (2) is reading
(3) are eating[having]

Unit 03 조동사

♥ 문장으로 CHECK UP

pp. 29~30

A **1** You must work hard.
2 May I go to the bathroom?
3 I will not trust him.
4 You should change your password.
5 Tory is able to solve the problem.

B **1** must be angry   **2** She can't[cannot] draw
3 Should I answer   **4** Can/Will you clean
5 We don't have to decide   **6** He may be late for

C **1** May/Can I leave
2 He mustn't[must not] tell 또는
He shouldn't[should not] tell
3 You'll[You will] have to wait.
4 You should drive slowly.
5 Thomas can[is able to] lift this box.

D **1** You should be kind to your neighbors.
2 I'll[I will] be able to take his class.
3 She doesn't[does not] have to talk quietly.
4 My sister can[is able to] speak four languages.
5 Peter may know the address.

📲 서술형으로 STEP UP

p. 31

예제 must/should not throw away trash

1 must/should wear a seat belt

2 may/can park here

⧉ 기출문제로 WRAP UP

pp. 32~33

01 (1) He was dancing
(2) I ate[had] pizza
(3) We're going to watch a movie
02 (1) must not hit dogs
(2) must clean your room
03 can't, can do
04 (1) Did it rain (2) It isn't raining
(3) Will it rain (4) it will (5) will rain
05 shouldn't[should not] waste
06 I should[must, have to] finish my homework today.
07 (1) The poor cat was dying alone.
(2) The boys didn't[did not] fight.
(3) Were they ski jumpers?
08 (1) May (2) won't
09 (1) will not buy
(2) don't have to worry
(3) She was not
10 (1) is cutting potatoes
(2) is making cupcakes
(3) is lying on the floor

해설

01 (1) 질문에 맞게 과거진행형(was/were v-ing)로 쓴다.
(2) 질문에 맞게 과거시제로 쓴다.
(3) 질문에 맞게 미래시제로 쓴다.

02 (1) '너는 개를 때리면 안 된다'는 의미이므로 〈must not +동사원형〉
(2) '너는 너의 방을 청소해야 한다'는 의미이므로 〈must+동사원형〉

03 '~을 할 수 있다'는 조동사 can을 사용해 표현한다.

04 (1) 일반동사 과거시제 의문문: 〈Did+주어+동사원형 ~?〉
(2) 현재진행형 부정문: 〈주어+am/are/is not v-ing ~〉
(3) 미래시제 의문문: 〈Will+주어+동사원형 ~?〉
(4) 미래시제 의문문의 긍정 대답: 〈Yes, 주어+will.〉
(5) 미래시제: 〈주어+will+동사원형 ~〉

05 '너는 물을 낭비하면 안 된다'라고 조언해야 하므로 〈shouldn't[should not]+동사원형〉

06 '~해야 한다': 〈should[must, have to]+동사원형〉

07 (1) 과거진행형: 〈was/were v-ing〉
(2) 일반동사 과거시제 부정문: 〈didn't[did not]+동사원형〉

(3) were의 의문문: 〈Were+주어 ~?〉

08 (1) '제가 ~해도 될까요?': 〈May I+동사원형 ~?〉
　　(2) '~하지 않을 것이다': 〈won't[will not]+동사원형〉

09 (1) '~하지 않을 것이다': 〈won't[will not]+동사원형〉
　　(2) '~할 필요가 없다': 〈don't/doesn't have to+동사원형〉
　　(3) was의 부정문: was not

10 현재진행형: 〈am/are/is v-ing〉

누적시험으로 LEVEL UP
CHAPTER 01~02
pp. 34~37

01 (1) Were you upset at that time?
　　(2) I am going to sell my books.
　　(3) She doesn't have to buy those shoes.
02 (1) I'm[I am] taking tango lessons.
　　(2) She was tying her hair back.
　　(3) Did they have fun at the party?
　　(4) Hyenas don't[do not] hunt for food.
　　(5) The children didn't[did not] run to the toy store.
03 (1) shouldn't[should not] play in the road
　　(2) should wear sunblock
04 (1) you are → are you
　　(2) musts → must
05 No, he can't / can speak Chinese
06 (1) were (2) checking (3) is not
07 mustn't[must not] bring pets
08 (1) His favorite color is blue.
　　(2) My brother and I love his movies.
09 goes for a walk, has lunch with Sarah, studies some subjects, watches a movie
10 (1) Is he / No, he isn't
　　(2) Do you / Yes, I do
11 (1) I ran in the park.
　　(2) I didn't[did not] do my homework.
　　(3) I didn't[did not] clean my room.
12 (1) are skating (2) is swimming
13 Are Molly and Sunny / Yes, they are / They are
14 (1) She doesn't have a headache.
　　(2) May I ask a question?
　　(3) The classroom was not quiet.
15 (1) He's[He is] going to play the drums.
　　(2) He's[He is] going to go to the dentist.
　　(3) He's[He is] not going to see a musical.
　　　　또는 He isn't going to see a musical.
16 (1) Can/Will you catch
　　(2) She won't agree
　　(3) I'm not lying

(4) don't have to worry
17 (1) His dreams may come true.
　　(2) Does Alicia walk every day?
18 (1) washes his face
　　(2) has lunch with his friends
　　(3) doesn't
　　(4) does after-school activities
　　(5) comes home

해설

01 (1) be동사 과거시제 의문문: 〈Was/Were+주어 ~?〉
　　(2) '~할 것이다': 〈be동사+going to+동사원형〉
　　(3) '~할 필요가 없다': 〈don't/doesn't have to+동사원형〉

02 (1) 현재진행형: 〈am/are/is v-ing〉
　　(2) 과거진행형: 〈was/were v-ing〉
　　(3) 일반동사 과거시제 의문문: 〈Did+주어+동사원형 ~?〉
　　(4) 주어가 복수(Hyenas)일 때, 일반동사 현재시제 부정문: 〈don't[do not]+동사원형〉
　　(5) 일반동사 과거시제 부정문: 〈didn't[did not]+동사원형〉

03 (1) '너희들은 차도에서 놀면 안 된다'는 의미이므로 〈should not+동사원형〉
　　(2) '당신은 자외선 차단제를 발라야 한다'는 의미이므로 〈should+동사원형〉

04 (1) 의문문이므로 주어와 be동사의 위치를 바꾼다.
　　(2) 조동사는 주어의 인칭과 수에 따라 형태가 변하지 않는다.

05 조동사 can에 대한 부정의 대답: 〈No, 주어+can't.〉
　　조동사 can이 있는 문장: 〈can+동사원형〉

06 (1) 주어가 복수(We)이고 과거시제일 때 be동사는 were
　　(2) 문맥상 현재진행형이므로 v-ing
　　(3) 문맥상 '주호는 축구 선수이지만 호영이는 (축구 선수가) 아니다'라는 의미이므로 be동사의 부정문인 is not

07 '너는 여기에 애완동물을 데려오면 안 된다'라는 의미가 되어야 한다.

08 (1) 주어가 3인칭 단수(His favorite color)이고 현재시제일 때 be동사는 is
　　(2) 주어가 복수(My brother and I)이고 현재시제이므로 동사원형을 쓴다.

09 주어가 3인칭 단수(Mia[she])일 때 각 동사의 현재형은 goes, has, studies, watches이다.

10 (1) be동사 의문문: 〈be동사+주어 ~?〉
　　　 be동사 의문문에 대한 부정의 대답: 〈No, 주어+be동사+not.〉
　　(2) 일반동사 의문문: 〈Do/Does/Did+주어+동사원형 ~?〉
　　　 일반동사 의문문에 대한 긍정의 대답: 〈Yes, 주어+do/does/did.〉

11 (1) run의 과거형은 ran
　　(2), (3) 일반동사 과거시제 부정문: 〈주어+didn't[did not]+동사원형〉

12 현재진행형: 〈am/are/is v-ing〉

13 be동사 의문문: 〈be동사+주어 ~?〉
〈Are+복수명사 ~?〉에 대한 긍정의 대답: 〈Yes, they are.〉
'그들은 ~이다': 〈They are ~〉

14 (1) 주어가 3인칭 단수(She)일 때 일반동사 현재시제 부정문: 〈주어+doesn't+동사원형〉
(2) 조동사가 있는 의문문: 〈조동사+주어+동사원형 ~?〉
(3) '~하지 않았다': 〈was/were not ~〉

15 (1), (2) be going to가 있는 긍정의 문장: 〈주어+be동사+going to+동사원형〉
(3) be going to가 있는 부정의 문장: 〈주어+be동사+not going to+동사원형〉

16 (1) '~해 주시겠어요?': 〈Can/Will you+동사원형 ~?〉
(2) '~하지 않을 것이다': 〈주어+won't+동사원형〉
(3) 현재진행형 부정문: 〈주어+am/are/is not v-ing〉
(4) '~할 필요가 없다': 〈don't/doesn't have to+동사원형〉

17 (1) '~일지도 모른다(추측)': may
(2) 일반동사 현재시제 의문문: 〈Do/Does+주어+동사원형 ~?〉

18 (1), (2), (4), (5) 주어가 3인칭 단수(He)일 때 일반동사 wash, have, do, come은 각각 washes, has, does, comes로 쓴다.
(3) 정규 수업은 듣지 않으므로 일반동사의 부정문으로 쓴다.

CHAPTER 03   to부정사와 동명사

Unit 01   to부정사

🔰 문장으로 CHECK UP   pp. 41~42

A   **1** turned on the TV to watch the news
    2 I need to drink water.
    3 Her dream is to become a pilot.
    4 Jimmy has something funny to say.
    5 It is exciting to build a snowman.
    6 He decided to buy a laptop.

B   **1** plan to visit   **2** to celebrate his birthday
    3 homework to finish   **4** is to lose   **5** wants to watch

C   **1** Jane went home to get
    2 They hope to find
    3 It's[It is] good to exercise
    4 learning to drive
    5 Hailey found someone to help

D   **1** He called the hotel to make a reservation.
    2 I chose to eat a taco for dinner.
    3 It's[It is] important to remember our history.
    4 To meet new people is interesting. 또는 It's[It is] interesting to meet new people.
    5 There is always something new to learn.

➡️ 서술형으로 STEP UP   p. 43

예제   walked to the beach to swim

1   some photos to show you

2   to see the sunrise

3   They chose to stay home.

4   I don't[do not] want to eat out

5   has many places to visit

6   I'm[I am] saving money to travel to Canada.

Unit 02   동명사

🔰 문장으로 CHECK UP   pp. 45~46

A   **1** Learning French is hard.
    2 My favorite activity is running.

3 My parents enjoy walking in the park.

4 Your job is making the bed.

5 We will keep looking for your keys.

6 I cannot help thinking about her.

B **1** They went swimming **2** Writing, is difficult

3 finished cleaning **4** by following stars

5 looking forward to meeting you

C **1** like taking a break

2 is good at using computers

3 You should stop talking

4 My father quit smoking

5 That movie is worth watching.

D **1** I don't[do not] mind waiting here.

2 My brothers went skating.

3 Buying flowers is my favorite thing to do.

4 Are you interested in knitting?

5 They avoid riding bikes without helmets.

서술형으로 STEP UP
p. 47

예제 I can enjoy skiing

1 Eating fresh vegetables is good

2 (1) interested in visiting new places
(2) I enjoy traveling, too.

기출문제로 WRAP UP
pp. 48~49

01 (1) I want to be an astronaut.
(2) I need to go shopping.
(3) finished making breakfast five minutes ago

02 (1) reading (2) walking (3) to play

03 was busy practicing

04 to buy a birthday cake

05 (1) take → to take
(2) traveling → to travel
(3) visit → visiting

06 (1) doing the laundry
(2) Washing the dishes is

07 by listening to English radio

08 (1) Elsa has many people to meet.
(2) I don't[do not] enjoy playing golf.

09 to visit the museum

10 having some ice cream

11 (1) to buy a razor
(2) the library to borrow some books
(3) the playground to play badminton

해설

01 (1) 동사 want는 목적어로 to부정사를 쓴다.
(2) 동사 need는 목적어로 to부정사를 쓴다. /
'~하러 가다': 〈go v-ing〉
(3) 동사 finish는 목적어로 동명사를 쓴다.

02 (1), (2) 동사 keep과 enjoy는 목적어로 동명사를 쓴다.
(3) 동사 learn은 목적어로 to부정사를 쓴다.

03 '~하느라 바쁘다': 〈be busy v-ing〉

04 '~하기 위해'라는 목적을 표현하는 부사적 용법의 to부정사를 쓴다.

05 (1), (2) 동사 decide와 want는 목적어로 to부정사를 쓴다.
(3) '~할 가치가 있다': 〈be worth v-ing〉

06 (1) be동사 뒤에 보어로 올 수 있는 것은 to부정사와 동명사인데, 둘 중 칸 수에 맞는 동명사로 쓴다.
(2) 동명사 주어는 단수 취급한다.

07 '~함으로써': 〈by v-ing〉

08 (1) 명사를 꾸며주는 형용사적 용법의 to부정사
(2) 동사 enjoy는 목적어로 동명사를 쓴다.

09 동사 plan은 목적어로 to부정사를 쓴다.

10 '~하고 싶다': 〈feel like v-ing〉

11 '~하기 위해'라는 목적을 표현하는 부사적 용법의 to부정사를 쓴다.

CHAPTER 04 명사와 대명사

Unit 01 명사의 종류

💚 문장으로 CHECK UP
pp. 53~54

A 1 A girl bought three pairs of shoes.
  2 We want forks and spoons.
  3 The children are eating snacks.
  4 Dylan drank a cup of tea with sugar.
  5 The ladies ordered four glasses of milk.

B 1 Time is 2 put the photos 3 two pieces of cake 4 butter and a[one] knife 5 Leaves are falling 6 men, three women are

C 1 I bought a[one] pair of gloves
  2 Seven sheep are living
  3 two loaves of bread and an[one] apple
  4 The office is full of boxes.
  5 You should wash your feet.

D 1 The shelves will cost 50 dollars.
  2 William washed his pants.
  3 Brown rice is good for health.
  4 I ate three pieces of pizza for dinner.
  5 Two children are in the playground.

🚩 서술형으로 STEP UP
p. 55

예제 two bowls of rice

1 a[one] bottle of, two sandwiches

2 a[one] bag of, three cups of, four eggs, two slices of

Unit 02 인칭대명사와 재귀대명사

💚 문장으로 CHECK UP
pp. 57~58

A 1 We will go to your house
  2 The red books are mine.
  3 They took pictures of themselves.
  4 His student ID is on my desk.
  5 Emily introduced herself to them.
  6 She is my younger sister.

B 1 proud of himself 2 My music teacher gave us
  3 put their toys 4 We sold our car

5 You should love yourself

C 1 I invited him
  2 saw herself
  3 by its cover
  4 The students did their homework.
  5 The bag isn't[is not] yours. It's[It is] mine.

D 1 Are they your friends?
  2 She's[She is] looking for her diary.
  3 I can't[cannot] forgive myself.
  4 He was practicing his violin.
  5 We told them, "The land is ours."

🚩 서술형으로 STEP UP
p. 59

예제 (1) Their (2) them (3) They

1 My, She, her, We

2 Its, They, itself

3 my

4 your, mine

5 His, He, him

Unit 03 여러 가지 대명사

💚 문장으로 CHECK UP
pp. 61~62

A 1 These are their shoes.
  2 This is the player's baseball.
  3 My children want those chocolates.
  4 It is 8 o'clock in the morning.
  5 One is reading. Another is eating. The other is sleeping.

B 1 This is a sad 2 It is cold 3 It is useful
  4 that sweater, red one 5 My mom made these
  6 The other is blue

C 1 It's[It is] dark
  2 Those are his rings.
  3 This is my favorite song.
  4 Do you want one?
  5 One is short. The other is tall.

D 1 It's[It is] Wednesday today.
  2 Rachel bought this notebook yesterday. It was expensive.
  3 Two girls are talking. One is smiling. The other is laughing.
  4 There are three restaurants. One is Italian. Another is French. The other is Korean.
  5 You shouldn't[should not] touch those flowers.

예제 (1) One (2) The other

1 (1) ones (2) The other (3) it

2 one, another, the other

⊫ 기출문제로 WRAP UP   pp. 64~65

01 two cups of tea and a bowl of soup
02 fishes → fish
03 (1) five potatoes (2) Life is (3) three wolves
04 himself
05 One, The other
06 (1) lilys → lilies (2) hers → his
07 (1) it (2) him (3) We
08 (1) a[one] cup of milk, a[one] banana, two
     tomatoes
     (2) an[one] orange, three slices[pieces] of
     cheese
09 It's[It is] 9 (o'clock).
10 (1) Those boxes are heavy.
     (2) These photos look interesting.
11 Another is wearing a black shirt.
12 (1) She (2) Her (3) hers

해설

01 셀 수 없는 명사인 tea와 soup은 단위·용기를 사용해서 센다.

02 fish는 단수형과 복수형의 형태가 같다.

03 (1) potato의 복수형: +-es
     (2) life는 셀 수 없는 명사로 단수 취급
     (3) wolf의 복수형: f → v+-es

04 '그는 그 자신을 자랑스러워한다'는 의미이므로 재귀대명사를
     쓴다.

05 '(둘 중) 하나는 ~, 나머지 하나는 …': ⟨one ~, the other …⟩

06 (1) lily의 복수형: y → i+-es
     (2) 소유격이고 남성인 Mr. Kim을 가리키므로 his

07 (1) 목적어 자리이고 앞서 언급된 특정한 사물을 가리키므로 it
     (2) he의 목적격은 him
     (3) 문맥상 '우리'이고 주격이므로 We

08 셀 수 없는 명사인 milk와 cheese는 단위·용기를 사용해서
     세고, 셀 수 있는 명사는 a(n)을 붙이거나 복수형으로 쓴다.

09 시간을 나타낼 때 비인칭주어 It을 쓴다.

10 (1) That과 box의 복수형은 각각 Those와 boxes
     (2) This와 photo의 복수형은 각각 These와 photos

11 ⟨one ~, another …, the other ~⟩를 사용한다.

12 (1) 주격인 She (2) 소유격인 Her
     (3) 소유대명사인 hers

CHAPTER

05   형용사, 부사, 비교

Unit 01   형용사

♥ 문장으로 CHECK UP   pp. 69~70

A **1** Some buses are slow.
   2 The new student has few friends.
   3 I don't have many sweaters.
   4 She is someone important.
   5 French food is delicious.

B **1** I made something special   **2** don't have any
   questions   **3** Lots of children are   **4** isn't much
   cheese   **5** A few stars are   **6** We have little time

C **1** Few workers
   2 smart boy, nice smile
   3 I spent some[a little] time
   4 are many[a lot of, lots of] books, pretty bag
   5 Some[A few] students like his class.

D **1** Many people enjoy water sports in summer.
   2 I saw somebody famous on a busy street.
   3 The big whale is swimming in the blue sea.
   4 There are a few pens on the table.
   5 This job needs little experience.

⇥ 서술형으로 STEP UP   p. 71

예제 I put some[a little] cheese on my toast.

1 (1) I cleaned up many[a lot of, lots of] leaves.
     (2) He used little paper.

2 (1): The idea is simple.

3 gift → gifts

4 (1) a girl popular → a popular girl
     (2) friend was → friends were

Unit 02   부사

♥ 문장으로 CHECK UP   pp. 73~74

A **1** I often listen to jazz music.
   2 Angela was wearing a lovely dress.
   3 This computer is always really slow.
   4 The little turtle swims quickly in water.

5 Jason worked hard at the library.

6 My mom usually wakes up very early.

B **1** I rarely catch **2** is often wrong **3** is too high
4 never comes late **5** The friendly boy, very carefully

C **1** can sometimes see
2 heavy books fast
3 They always give a birthday gift
4 The large dog is sitting very quietly.
5 Her desk is usually clean.

D **1** They finished the work late.
2 Bus 302 is sometimes too loud.
3 I'll[I will] never eat dairy products.
4 I painted the wall beautifully.
5 Ms. Donaldson often asks difficult questions.

🔁 서술형으로 STEP UP
p. 75

예제 (1) am always busy with homework
　　(2) never play computer games
　　(3) usually watch video clips

1 (1) often prepares dinner
　　(2) always washes the dishes
　　(3) am sometimes late for school

2 (1) is usually with his dog
　　(2) rarely eats junk food
　　(3) always studies with his friends

Unit 03　비교

💚 문장으로 CHECK UP
pp. 77~78

A **1** Ava walks as slowly as Hailey.
2 Volleyball is more exciting than baseball.
3 Bryce is the tallest boy in our class.
4 Jackson is older than Lily.
5 Friday is the best day of the week.

B **1** the highest **2** as smart as Grace **3** eats more quickly than **4** talks as clearly as **5** the most famous **6** smaller than a mouse

C **1** more books than
2 Gina lives in the newest house
3 You're[You are] as funny as a comedian.
4 He wrote the most popular song in the world.
5 Pizza was more expensive than fried chicken.

D **1** Today is as cold as yesterday.
2 The Yangtze is the longest river in Asia.
3 My grades are worse than his grades.

---

4 Riley acts as well as her sister.

5 The bus arrived earlier than my car.

🔁 서술형으로 STEP UP
p. 79

예제 (1) cheaper than
　　(2) the most expensive (fruit)

1 (1) younger than (2) as heavy as
　　(3) the best

2 (1) fewer, than
　　(2) more macarons than
　　(3) the most macarons

📋 기출문제로 WRAP UP
pp. 80~81

01 (1) a lot of (2) Few (3) little
02 (1) taller than (2) lighter than
　　(3) the heaviest (person)
03 as early as
04 easy, easily
05 (1) the happiest (2) more famous
　　(3) Lots of
06 Pasta is more delicious than curry.
　　또는 Curry is more delicious than pasta.
07 (1) never practices yoga
　　(2) always has coffee
　　(3) is usually at work
08 (1) is singing merrily
　　(2) I have curly hair.
　　(3) She didn't[did not] say anything rude.
09 is the longest road on the map
10 (1): boys are
　　(4): exercise hard
11 (1) is the biggest (2) is bigger than
　　(3) is smaller than

해설

01 (1) 셀 수 없는 명사(sugar) 앞에 오며, 문맥상 '많은'의 의미이므로 a lot of
　　(2) 셀 수 있는 명사(book) 앞에 오며, 문맥상 '거의 없는'의 의미이므로 Few
　　(3) 셀 수 없는 명사(milk) 앞에 오며, 문맥상 '거의 없는'의 의미이므로 little

02 (1) Blair가 Molly보다 키가 크다.
　　(2) Molly가 Janet보다 가볍다.
　　(3) Janet이 셋 중에서 가장 무겁다.

03 Mike와 Olivia가 같은 시간에 일어나므로, 〈as+원급+as〉로 비교할 수 있다.

04 보어 자리에는 형용사, 동사를 수식할 땐 부사

05 문맥상 '그들은 세상에서 가장 행복한 동물들이다', '그들은 최근에 더 유명해졌다', '많은 사람들이 그들과 사진을 찍는다'가 적절하다.

06 'A가 B보다 맛있다.': 〈A is/are more delicious than B.〉

07 (1) 요가는 하지 않으므로 〈never+일반동사〉
(2) 커피는 매일 마시므로 〈always+일반동사〉
(3) 대개 일터에 있으므로 〈be동사+usually〉

08 (1) '즐겁게'가 동사를 수식하므로 부사로 쓴다.
(2) curl을 형용사인 curly로 바꾸고 뒤에 '머리카락'에 해당하는 명사 hair를 써준다.
(3) '-thing'으로 끝나는 대명사는 형용사가 뒤에서 수식한다.

09 Road B의 거리가 지도에서 가장 길다.

10 (1) a few 뒤에는 복수명사와 복수동사를 쓴다.
(4) 문맥상 '열심히 운동한다'이므로 hard로 쓴다.

11 (1) 태양이 가장 크다.
(2) 지구가 달보다 크다.
(3) 달이 지구보다 작다.

01 (1) much salt (2) many boxes
02 (1) It's[It is] two kilometers
　　(2) keeps sleeping
03 (1) His (2) He (3) His (4) him
04 (1) one (2) Its (3) it (4) ones
05 (1) a[one] piece of cake
　　(2) two cups of coffee
06 One, the other
07 (1) These dishes are light.
　　(2) Those knives look dangerous.
08 (1) the cheapest (2) as delicious as
　　(3) more expensive than
09 (1) never drinks tea
　　(2) often reads books
　　(3) always plays the piano
10 (1) to buy apples
　　(2) eating an apple pie
11 (1) to be a teacher
　　(2) is good at dancing
12 (1) to travel (2) to sell
　　(3) going (4) inviting
13 (1) two glasses of orange juice
　　(2) a[one] bowl of rice
　　(3) I had three slices of bread
　　(4) ten pieces of paper
14 (1) The lovely dog is small, high
　　(2) Finding the books is
　　(3) It's good to eat
　　(4) It was sunny
15 (1) me → myself
　　(2) brother → brothers
16 (1) earlier than (2) later than
17 (1) going mountain climbing with her dad
　　(2) cleaning her room
18 One, Another, The other
19 (1) the beautifulest → the most beautiful
　　(2) little → a little 또는 some
　　(3) nearly → near

해설

01 (1) much+셀 수 없는 명사
　　(2) many+셀 수 있는 명사의 복수형

02 (1) 거리를 나타낼 때 비인칭주어 It을 쓴다.
　　(2) 동사 keep은 목적어로 동명사를 쓴다.

03 (1), (3) 명사 앞에는 소유격을 쓰므로 His
　　(2) 주어 자리이므로 He
　　(4) 목적어 자리이므로 him

04 (1), (4) 앞서 언급된 명사와 같은 종류이나 불특정한 사물을 나타낼 때 one. one의 복수형은 ones
　　(2) 앞서 언급된 특정한 사물을 가리킬 때 It. It의 소유격은 Its
　　(3) 앞서 언급된 특정한 사물을 가리킬 때 it

05 (1) '케이크 한 조각': a[one] piece of cake
　　(2) '커피 두 잔': two cups of coffee

06 '(둘 중) 하나는 ∼, 나머지 하나는 …': 〈one ∼, the other …〉

07 (1) this의 복수형은 these, dish의 복수형은 dishes
　　(2) that의 복수형은 those, knife의 복수형은 knives

08 (1) '가장 ∼한': 〈the+형용사의 최상급〉
　　(2) '…만큼 ∼한': 〈as+형용사의 원급+as〉
　　(3) '…보다 ∼한': 〈형용사의 비교급+than〉

09 (1) 차를 마시는 날이 없으므로 〈never+일반동사〉
　　(2) 일주일의 절반 이상 책을 읽으므로 〈often+일반동사〉
　　(3) 매일(7일) 피아노를 치므로 〈always+일반동사〉

10 (1) '∼하기 위해'라는 목적을 표현하는 부사적 용법의 to부정사를 쓴다.
　　(2) '∼하기를 고대하다': 〈look forward to v-ing〉

11 (1) 동사 want는 목적어로 to부정사를 쓴다.
　　(2) 전치사의 목적어로 동명사를 쓴다.

12 (1) '여행할 시간'이므로 형용사적 용법의 to부정사를 쓴다.
　　(2) 동사 decide는 목적어로 to부정사를 쓴다.
　　(3) '∼하고 싶다': 〈feel like v-ing〉
　　(4) 전치사의 목적어로 동명사를 쓴다.

13 셀 수 없는 명사는 단위·용기를 사용해서 센다.

14 (1) 명사를 수식하거나 설명할 때는 형용사, 동사를 수식할 때는 부사를 쓴다.
　　(2) 동명사 주어는 단수 취급한다.
　　(3) to부정사구가 주어일 때 가주어 It을 쓰고 to부정사구를 문장 뒤로 보낸다.
　　(4) 날씨를 나타낼 때 비인칭주어 It을 쓴다.

15 (1) 내가 '나 자신'을 소개하는 것이므로 목적어 자리에 재귀대명사를 쓴다.
　　(2) 형제가 두 명이므로 brother를 복수형으로 고친다.

16 (1) Jacob이 Amy보다 더 일찍 자러 가므로 earlier than을 쓴다.
　　(2) Amy가 Jacob보다 늦게 일어나므로 later than을 쓴다.

17 (1) 동사 enjoy는 목적어로 동명사를 쓰며, 소유격 my는 문맥에 맞게 her로 바꿔 쓴다.
　　(2) '∼하느라 바쁘다': 〈be busy v-ing〉

18 '(셋 중) 하나는 ∼, 다른 하나는 …, 나머지 하나는 ∼': 〈one ∼, another …, the other ∼〉

19 (1) beautiful의 최상급은 〈most+원급〉으로 쓴다.
　　(2) 셀 수 없는 명사 앞에 오는 '약간의'는 a little 또는 some
　　(3) '가까이': near

06　전치사와 접속사

Unit 01　전치사

📍 문장으로 CHECK UP　　　pp. 89~90

A　1 My friends are waiting for me at the airport.
　2 We should arrive before dinnertime.
　3 I read a book about dinosaurs.
　4 He is cutting his bangs with scissors.
　5 We moved to the new house on October 13.

B　1 under the sofa　**2** in the closet　**3** at 7 o'clock
　4 for three weeks　**5** by bus　**6** in front of the theater

C　1 in spring
　2 Eric met his fans after his concert.
　3 She put her clothes on the bed.
　4 The museum is open from Tuesday to Sunday.
　5 The parking lot is behind the building.

D　1 Korea is between China and Japan.
　2 I had a part-time job during vacation.
　3 The baseball is by[next to] the glove.
　4 Mike sits behind me in the classroom.
　5 Jovana entered high school in 2017.

➡️ 서술형으로 STEP UP　　　p. 91

예제 in front of the truck

1 It is next to the elephant.

2 (1) on the ball　(2) in the box
　(3) under the table

Unit 02　접속사

📍 문장으로 CHECK UP　　　pp. 93~94

A　1 I'm hungry, but I won't eat anything.
　2 The problem is that Tanner is sick.
　3 I listen to music while I read. 또는 While I read, I listen to music.
　4 He will buy a smartphone or a laptop.
　5 She took a bath after she got home. 또는 After she got home, she took a bath.

B　1 soccer and hockey　**2** because it was

Christmas　**3** that you don't like Mark　**4** If you win the contest　**5** so he bought an umbrella
6 people believe that aliens live

C　**1** before you leave
　2 but many people are skating outside
　3 I should walk or (I should) take a bus.
　4 Kathryn thinks (that) his Halloween costume is funny.
　5 When I saw my test score, I was happy. 또는 I was happy when I saw my test score.

D　**1** The fact is that he's[he is] a liar.
　2 This brand is expensive, but I often buy it.
　3 My mom became angry because I used bad words. 또는 Because I used bad words, ...
　4 I'll[I will] call you after my plane lands. 또는 After my plane lands, I'll[I will] call you.
　5 I like making cookies and eating them.

➡ 서술형으로 STEP UP

p. 95

예제 so he's making a sandwich

1 (1) after he eats spicy food
　(2) because of the weather
　(3) If you have time

2 that you went out / watched TV and had dinner

3 The problem is that my computer broke

☰ 기출문제로 WRAP UP

pp. 96~97

01　I have a question about her class.
02　(1) near　(2) in front of
03　(1) because of　(2) because
04　When they arrive, I'll[I will] meet them.
　　또는 I'll[I will] meet them when they arrive.
05　A dog is between the chairs.
06　(1) will visit Korea and Japan
　　(2) likes milk but doesn't like juice
　　　또는 doesn't like juice but likes milk
07　(1) Do you go to work by subway?
　　(2) While Maria was shopping, I washed my car. 또는 I washed my car while Maria was shopping.
08　(1) It is on the desk.
　　(2) He is behind the girl.
09　(1) at night
　　(2) that Korean is difficult
　　(3) on New Year's Day
　　(4) because it is excited

10　(1) I slept for six hours.
　　(2) If you are tired, I will drive. 또는 I will drive if you are tired.

해설

01　'~에 대해': about

02　(1) '~ 근처에': near
　　(2) '~ 앞에': in front of

03　(1) 〈because of+명사구〉　(2) 〈because+절〉

04　때를 나타내는 접속사(when)가 쓰인 부사절에서는 미래를 현재시제로 쓴다.

05　'~ 사이에': between

06　(1) 접속사 and로 단어를 대등하게 연결한다.
　　(2) 접속사 but으로 구를 대등하게 연결한다.

07　(1) '~을 타고': 〈by+교통수단〉
　　(2) 〈주어+동사〉의 절이 왔으므로 접속사 While[while]을 쓴다.

08　(1) 책상 '위에' 있으므로 on
　　(2) 남자아이가 여자아이 '뒤에' 있으므로 behind

09　(1) '하루의 때' 앞이므로 전치사 at
　　(2) 동사 says의 목적어로 that절
　　(3) '특별한 날' 앞이므로 전치사 on
　　(4) '~해서, ~하기 때문에': 〈because+절〉

10　(1) '(기간) 동안': 〈for+기간〉
　　(2) '만약 ~라면': 〈if+절〉

문장으로 CHECK UP
pp. 101~102

A 1 There are airplanes in the sky.
   2 Your weekend plans sound fun.
   3 Is there a theater near here?
   4 We lived in that big house for ten years.
   5 When I saw him, my face turned red.
      또는 My face turned red when I saw him.

B 1 tastes salty   2 looks like a teenager
   3 There are not many people   4 My mother
   works at   5 were in the bed   6 Are there eight
   planets

C 1 tastes like bananas
   2 There isn't[is not] much time
   3 The animals felt safe
   4 The model is tall and skinny.
   5 Are there flowers on the table?

D 1 You should keep silent.
   2 There is a hair in my food!
   3 Antonio slept well last night.
   4 Is there a bed in your room? – No, there isn't.
   5 The trash can smells bad.

서술형으로 STEP UP
p. 103

예제 Your new bag looks great.

1 There are 24 hours in a day.

2 The baby is sleeping on the sofa.

3 His voice sounded serious.

4 It looks like a heart.

5 before it gets dark

6 Is there a nice hotel near the beach?

문장으로 CHECK UP
pp. 105~106

A 1 My brother likes scary movies.
   2 I hope that everything goes well.
   3 Practice made him a wonderful opera singer.
   4 They gave a prize to the best student.
   5 Michael enjoys watching sports on TV.
   6 She showed her boyfriend the photographs.

B 1 a package to her   2 make me nervous
   3 bought a dress for   4 called me a liar
   5 her students the news

C 1 finished cleaning the garage
   2 you bring me a glass of water 또는 you bring a
      glass of water to me
   3 Lily made me hot cocoa. 또는 Lily made hot
      cocoa for me.
   4 We find the actor attractive.
   5 I know (that) she is sick.

D 1 Did you lend your car to Toby? 또는 Did you
      lend Toby your car?
   2 Gabriella teaches them music. 또는 Gabriella
      teaches music to them.
   3 They named their daughter Itzel.
   4 Carry cooked dinner for her mom. 또는 Carry
      cooked her mom dinner.
   5 I asked him a favor. 또는 I asked a favor of him.

서술형으로 STEP UP
p. 107

예제 his old watch to me

1 (1) My boyfriend sent flowers to me
   (2) I will buy a nice present for him

2 (1) Mother birds get food for their babies.
   (2) They also teach their babies songs.

3 (1) his son toys (2) me his new smartphone
   (3) an omelette for him (4) questions of people
   (5) that woman my phone number

기출문제로 WRAP UP
pp. 108~109

01 (1) Philip makes sandwiches for me.
    (2) My friend sent me an email.
    (3) Is there a cookbook in the kitchen?
02 That sounds like a perfect plan.
03 Summer makes me cheerful
04 (1) There is a tiger
    (2) There are three monkeys
    (3) There are two elephants
05 (1) Joe always keeps his room clean.
    (2) There are five members in the club.
06 (1) sent a card to
    (2) bought a drink for

(3) gave a movie ticket to me 또는 gave me a movie ticket

07 He's[He is] in his office.

08 There are some coins in my wallet.

09 (1) Tim won't tell me his secrets.
   (2) Blair bought accessories for her sister.

10 My father cooked a nice meal for us

11 The soup tasted good.

12 It smelled delicious.

해설

01 (1) 전치사 for가 있으므로 〈주어＋동사＋직접목적어＋for＋간접목적어〉의 3형식 문장으로 쓴다.
   (2) 〈주어＋동사＋간접목적어＋직접목적어〉의 4형식 문장으로 쓴다.
   (3) '～이 있니?': 〈Is/Are there＋주어 ～?〉

02 '～처럼 들리다': 〈sound like＋명사〉

03 '～을 …하게 하다': 〈make＋목적어＋형용사〉

04 (1) '～이 있다': 〈There is＋단수명사〉
   (2), (3) '～들이 있다': 〈There are＋복수명사〉

05 (1) 목적격보어 자리에는 부사가 아닌 형용사를 쓴다.
   (2) '～들이 있다': 〈There are＋복수명사〉

06 (1), (2) 동사 뒤에 〈직접목적어＋전치사＋간접목적어〉 순서로 쓴다.

07 〈주어＋동사＋수식어구〉의 1형식 문장으로 쓴다.

08 '～들이 있다': 〈There are＋복수명사〉

09 (2) 3형식 문장으로 전환할 때, buy는 간접목적어 앞에 전치사 for를 쓴다.

10 3형식 문장으로 전환할 때, cook은 간접목적어 앞에 전치사 for를 쓴다.

11 〈주어＋감각동사＋주격보어(형용사)〉의 2형식 문장으로 쓴다.

12 감각동사 뒤 주격보어 자리에는 부사가 아닌 형용사를 쓴다.

CHAPTER 08 여러 가지 문장

Unit 01 의문문 만들기 Ⅰ

문장으로 CHECK UP
pp. 113~114

A 1 Where is the stapler?
  2 Who is that man with your sister?
  3 When did Shawn arrive in Japan?
  4 What makes you laugh?
  5 Why don't we watch an action movie?
  6 How can I get to City Hall?

B 1 Why did you choose 2 Who will clean
  3 Which is your car 4 What are, going to do
  5 Why don't you bake

C 1 Why don't we order
  2 When should I call
  3 Who teaches French at your school?
  4 Where does Steven work?
  5 Why were you late for class yesterday?

D 1 How about watching the Olympic Games?
  2 What were they talking about?
  3 Who locks the gate?
  4 Where can I find the vegetables?
  5 How did Chris solve the problem?

서술형으로 STEP UP
p. 115

예제 Where is my umbrella?

1 (1) Why do you look upset?
  (2) When did you lose it?

2 (1) My favorite movie is *Fantastic Adventure*.
  (2) Why do you like the movie?

Unit 02 의문문 만들기 Ⅱ

문장으로 CHECK UP
pp. 117~118

A 1 What size do you want?
  2 How long is the movie?
  3 Which dish is delicious and healthy?
  4 How many gifts did you get on Christmas?
  5 You are a middle school student, aren't you?

B 1 How fast can, run   2 broke the cup, didn't he
  3 Which color are you   4 What time did, end
  5 aren't soccer players, are they   6 How
  expensive are the shoes

C 1 Which[What] sauce do you
  2 How cold is the weather?
  3 The letter didn't[did not] arrive, did it?
  4 How much money did he spend?
  5 We're[We are] going to visit her, aren't we?

D 1 What[Which] page are you reading?
  2 How many pets do you have?
  3 Emily studies in the library, doesn't she?
  4 How far is the hospital from your house?
  5 Jason can get a Korean passport, can't he?

📲 서술형으로 STEP UP

예제 What[Which] size do you wear?

1 What flavor do you want?

2 Timmy was sick, wasn't he?

3 How many teeth does your baby have?

4 Minji[She] has six classes

5 What time does

6 No, she doesn't

Unit 03　명령문/감탄문 만들기

♥ 문장으로 CHECK UP
pp. 121~122

A 1 Be nice to your friends.
  2 Try on this shirt, and you'll like it.
  3 What a beautiful picture it is!
  4 How fast the man eats!
  5 Do not eat or drink in the museum.

B 1 How polite he is   2 Don't open the box
  3 Give this note to   4 What cute kittens
  5 Let's go to bed   6 Be quiet, or you'll

C 1 and you'll[you will] do better
  2 What a strange place
  3 Clean up your room
  4 Let's not swim in the pool.
  5 How wonderful the weather is!

D 1 What a thick book this is!
  2 Let's not buy the television.
  3 How colorful the plates are!
  4 Don't[Do not] speak on the phone in the
    theater.

5 Ask your teacher, and he'll[he will] answer your
  question.

📲 서술형으로 STEP UP
p. 123

예제 What a kind person he is!

1 (1) slowly the girl walks
  (2) an interesting show that is
  (3) How warm and sunny it is
  (4) What good dancers they are

2 (1) Return the book tomorrow
  (2) Drink this tea, and
  (3) Do your homework, or
  (4) Don't use the elevator today

📃 기출문제로 WRAP UP
pp. 124~125

01 (1) Why did he move to England?
   (2) How often do you exercise?
02 (1) How many books do you read a month?
   (2) Why don't you study with us?
03 (1) Lily went to school yesterday, didn't she?
   (2) What big hands he has!
04 (1) Let's go to (2) Don't cross
   (3) Give me your (4) Why don't we have
05 (1) or you'll miss your chance
   (2) If you join today
06 (1) What pretty babies they are!
   (2) How green this tree is!
   (3) What an exciting movie it was!
07 How did you get here?
08 (1) When[What time] do you
   (2) Where is
   (3) Who(m) did you see
09 (1) is he / he isn't
   (2) doesn't she / she does
   (3) can't you / I can't
10 (1) What is (2) When is
   (3) Joseph will receive

해설

01 (1) 대답이 Because로 시작하므로 이유를 묻는 Why로
      시작하는 의문문을 쓴다.
   (2) '얼마나 자주'는 How often을 써서 나타낸다.

02 (1) '얼마나 많은 ~?': 〈How many+복수명사 ~?〉
   (2) '너 ~하는 게 어때?': 〈Why don't you+동사원형 ~?〉

03 (1) 일반동사가 있는 문장의 부가의문문은 do/does/did를
      사용해 쓴다.
   (2) 〈형용사+명사〉를 강조하므로 감탄문은 What으로 시작
      한다.

16

04 (1) '~하자': 〈Let's+동사원형〉
　　(2) 부정 명령문: 〈Don't+동사원형〉
　　(3) 명령문은 동사원형으로 시작한다.
　　(4) '우리 ~하는 게 어때?': 〈Why don't we+동사원형 ~?〉

05 (1) '~해라, 그러지 않으면 …할 것이다': 〈명령문, or …〉
　　(2) '~해라, 그러면 …할 것이다': 〈명령문, and …〉 = 〈If ~, 주어+will …〉

06 (1) 〈What+형용사+복수명사 (+주어+동사)!〉
　　(2) 〈How+형용사/부사(+주어+동사)!〉
　　(3) 〈What a/an+형용사+단수명사(+주어+동사)!〉

07 의문사가 있는 일반동사 의문문: 〈의문사+do[does/did]+주어+동사원형 ~?〉

08 (1) '언제'인지 묻는 질문은 의문사 When 또는 What time
　　(2) '어디에' 있는지 묻는 질문은 의문사 Where
　　(3) '누구를'을 묻는 질문은 의문사 Who(m)

09 (1) 앞 문장이 부정문이므로 부가의문문은 긍정
　　(2), (3) 앞 문장이 긍정문이므로 부가의문문은 부정

01 (1) Her voice made me comfortable.
　　(2) Why don't we go there by subway?
02 (1) There are
　　(2) looks like a bear
03 (1) will leave → leaves
　　(2) for → to
　　(3) warmly → warm
04 (1) this pencil to me
　　(2) will make a kite for you
05 on
06 (1) When did you arrive here?
　　(2) How was the trip?
07 (1) is an egg in the refrigerator
　　(2) There are two tomatoes in the refrigerator.
　　(3) There aren't[are not] oranges in the refrigerator.
08 (1) because of her grades
　　(2) Why don't you take
　　(3) When you need
09 (1) looks sad (2) feels hard
　　(3) smells good
10 (1) During (2) in (3) for (4) near (5) from
　　(6) to
11 (1) Cats don't[do not] like / do they
　　(2) Martin is / isn't he
　　(3) You won't[will not] call me 또는 You'll not call me / will you
12 (1) Be careful
　　(2) Wash your hands
　　(3) Don't[Do not] throw trash
　　(4) Let's not take pictures
13 Where did you go
14 (1) What beautiful eyes
　　(2) How spicy
15 dance well and write good songs
16 (1) that Brody is sleeping
　　(2) because the traffic was bad
17 How many cups of coffee
18 (1) Sign this paper, or
　　(2) It was surprising that
19 (1) That movie was scary, wasn't it?
　　(2) Is there a mountain next to your town?
20 (1) in Christmas Eve → on Christmas Eve
　　(2) What happy a day → What a happy day

해설

01 (1) '~을 …하게 만들다': 〈make+목적어+형용사〉
　　(2) '우리 ~하는 게 어때?': 〈Why don't we+동사원형 ~?〉

02 (1) '~들이 있다': 〈There are+복수명사〉
(2) '~처럼 보이다': 〈look like+명사〉

03 (1) 조건을 나타내는 부사절은 미래를 나타내더라도 현재시제를 쓴다.
(2) show는 3형식으로 바꿔 쓸 때 간접목적어 앞에 전치사 to를 쓴다.
(3) 보어 자리에 부사가 아닌 형용사를 쓴다.

04 (1) give는 3형식으로 바꿔 쓸 때 간접목적어 앞에 전치사 to를 쓴다.
(2) make는 3형식으로 바꿔 쓸 때 간접목적어 앞에 전치사 for를 쓴다.

05 on: '~ 위에'(접촉해 있는 상태), '~에'(날짜, 요일)

06 (1) 의문사가 있는 일반동사 의문문: 〈의문사+do[does/did]+주어+동사원형 ~?〉
(2) 의문사가 있는 be동사 의문문: 〈의문사+be동사+주어 ~?〉

07 (1) '~이 있다': 〈There is+단수명사〉
(2) '~들이 있다': 〈There are+복수명사〉
(3) '~들이 없다': 〈There are not+복수명사〉

08 (1) '~ 때문에': 〈because of+명사(상당어구)〉
(2) '너 ~하는 게 어때?': 〈Why don't you+동사원형 ~?〉
(3) '~할 때': 〈When+절〉

09 감각동사 뒤 주격보어 자리에 형용사를 쓴다.

10 (1) '~ 동안': during+특정한 때를 나타내는 명사(구)
(2) '~에 살다': live in
(3) '~ 동안': for+숫자를 포함한 기간
(4) '~ 근처에': near
(5), (6) 'A에서 B까지': from A to B

11 (1) 앞 문장 동사가 일반동사이므로 부가의문문에 do동사를 쓴다.
(2) 앞 문장 동사가 be동사이므로 부가의문문에 be동사를 쓴다.
(3) 앞 문장 동사가 조동사이므로 부가의문문에 조동사를 쓴다.

12 (1), (2) '~해라': 〈동사원형 ~〉
(3) '~하지 마라': 〈Don't+동사원형 ~〉
(4) '~하지 말자': 〈Let's not+동사원형 ~〉

13 정답에 경복궁을 갔다는 내용이 있으므로 어디에 갔었는지 묻는 질문이 나와야 적절하다.

14 (1) What으로 시작하는 감탄문: 〈What+형용사+복수명사(+주어+동사)!〉
(2) How로 시작하는 감탄문: 〈How+형용사/부사(+주어+동사)!〉

15 접속사 and로 구를 대등하게 연결한다.

16 (1) '~라고 생각하다': 〈think+that절〉
(2) '~ 때문에': 〈because+절〉

17 '얼마나 많은 ~': 〈How many+복수명사 ~?〉

18 (1) '~해라, 그러지 않으면 …': 〈명령문, or …〉

(2) that절이 주어인 경우 가주어 It을 맨 앞에 쓰고 that절은 문장 뒤로 보낸다.

19 (1) 긍정문 뒤에는 부정의 부가의문문이 온다.
(2) '~이 있니?': 〈Is there+단수명사 ~?〉

20 (1) 특별한 날 앞에는 전치사 on을 쓴다.
(2) 감탄문: 〈What a/an+형용사+단수명사(+주어+동사)!〉

MEMO

MEMO

MEMO

MEMO

MEMO

MEMO

쓰기로
마스터하는
중학 서술형